U1070651

分寸拿捏的要领

曾仕强 著

北京联合出版公司
Beijing United Publishing Co.,Ltd.

果麦文化 出品

目录

第1章

被动，
是人性本能的反应

一、人最喜欢自动，不喜欢被动

许多人认为人是被动的，推一步才进一步，不推就不动。其实，人最喜欢自动，不喜欢被动。被动是后天养成的坏习惯，并不是先天带来的。

但是，我们所看见的，是被动的现象；所能观察到的，几乎都是被动的人，很少有自动的人。于是，我们逐渐产生一种错觉，认为人喜欢被动。

这种错觉，使得大家存有“被动”的期待心理，以致引发更多“被动”的行为。

我们不妨反问自己：被动的时候，有什么感受？而自动的时候，又有什么样的感受？

当我们想要请别人吃饭时，我们不但不计较金钱和时间上的损失，而且唯恐对方吃得不满意。但是当别人要我们请客时，我们却十分不情愿，推三阻四，借口说没有时间，或者一时不方便，这是什么道理？

因为人必须对自己负责，所以对自己的决定最愿意顺从。何况对于别人的要求，如果我们答应得过快，很容易造成别人对我们要求愈来愈多的倾向，这对自己是非常不利的。

我们自己决定，便是出于自动的“自决”。群体要求自决，个人也要求自决。别人的决定，对我们来说，便是“被动”。就算这个决定相当合理，也终归是别人的决定。

若是决定的人平日和自己的关系良好，我们还比较乐于接受；如果彼此的关系不怎么好，我们当然更加不愿意接受。

人对自己的决定，大多全力以赴。我们对别人的决定，顶多尽力而为。前者出于自动，而后者属于被动。由此可见，我们喜欢自动，却不喜欢被动。所谓“中国人被动，推一下才进一步”的说法，是一种脱离现实的刻板印象。我们所看见的是一种人为的假象，并不是合乎人性的真相。

二、被动时拖拖拉拉，自动时才会合理地推、拖、拉

由于这种“人是被动的”错觉引起许多不良的互动，结果造成“大家都拖拖拉拉”的不正常现象。久而久之，习以为常，这种原本不正常的现象，反而成为大家认定的正常状态。

拖拖拉拉，成为一种风气，变本加厉地影响到每一个人。大家一方面指责、埋怨，一方面却愈来愈如此。

大家都拖拖拉拉，形成一种低效率的坏习惯，对管理的成果势必有不良的影响。

拖拖拉拉和推、拖、拉不同，就好像“马虎”和“马马虎虎”不相同一样，我们必须用心地加以区别，才能够明白其中的奥妙。

推、拖、拉是好的方法，而拖拖拉拉却是不良的习惯。这种风气一旦形成，必然削弱组织的力量，严重影响大家的执行力。

马虎是不好的，马马虎虎则是一种对美好的称羡。我们不好意思说自己做得很好时，谦称为马马虎虎，便是有君子风度的一种表现。

被动时拖拖拉拉，自动时才会合理地推、拖、拉。管理者最好明辨清楚，才不致引起误解，增添管理的困惑。

三、如果领导得宜，大家自动自发，就不可能拖拖拉拉

在拖拖拉拉的风气中，最严重的问题是产生一种不正常的管理心态：非严管不可。

严格管理，采取紧逼盯人的方式，凡事推、催、逼、压，好像不如此，就没有人做事。唯恐对员工宽恕一些，大家就会更加偷懒。于是把不正常的推、催、逼、压，看成正常的做法，并且变本加厉，愈催愈急，愈逼愈紧。

管理的错误心态，**导致管理的不良态度**，**产生不良的管理效果**。

管理者应该明白，拖拖拉拉的不良习惯，实际上是不合人性的领导所产生的恶果。如果领导得宜，大家自动自发，就不可能拖拖拉拉。相反，如果领导得大家十分被动，当然会拖拖拉拉。管理者把责任完全推给下属，显然并不恰当。不正常

的推、催、逼、压，只可能增强大家被动的感觉，徒然产生负面的效果。

管理者秉持絜矩之道，以将心比心的方式来体会被管理者的心态：怎样才会觉得自动？怎样形成被动的感受？因此，尽量创造出大家自动的局面，用心地避免制造被动的气氛，应该是管理者正确的领导心态。唯有如此，才能改变员工拖拖拉拉的恶习，使大家自动自发、安心乐业，并以乐在工作的心情，不断提升管理的效果。

四、让中国人开心，自然容易讲通，便于领导

世间事原本物极必反，一切都循环往复。推、催、逼、压如果使用得合理，还可以收到相当的效果。若是推、催、逼、压得过分，便会物极必反，引起相反的后果。

愈推人愈麻木、愈逼人愈反感，终至失去功效。稍微不推、不逼，简直整个人都停顿下来。推、催、逼、压好像吃“大麻”一样，愈吃愈上瘾，却愈来愈提不起劲，最后全身松散，再也紧张不起来。于是，我们常常听见有些管理者抱怨：

做管理真难！

做管理真的不容易，因为大家都喜欢自主，以维护人性的尊严。自主来自内心那一份自决的感觉，也就是自动的喜悦。让中国人开心，自然容易讲通，便于领导。中国人一旦心不甘情不愿，充满了被动的感觉，那就很难商量，领导时也推不动，更谈不上达成什么良好的效果。

大家都知道，用人不像用钞票或物品那么简单。良好的用人制度固然十分重要，但是，单凭制度并不能保证用人的成效。管理者必须有一套本事，能够使大家自动自发，乐于竭尽才能。当年曾国藩以“广收”“慎用”“勤教”“严绳”为四大原则，相信如果他生在现代，必然加上一条“自主”。管理者虚心招揽人才，提供表现的平台，放手让下属自动地发展才能，才不致因被动而拖拖拉拉，造成有人才却不乐于表现的困境。

五、主管要下属做事情，是不可以发号施令的

我们发现员工愈推愈推不动，愈逼愈没有起色的时候，

必须提高警觉，因为此时已经物极必反，失去效果了。

员工时时期待推、催、逼、压，来时勉强承受一下，但马上变成耳边风，不当一回事。这时候又期待下一次的推、催、逼、压，然后再一次把它当作耳边风。不逼不行，逼也不行的时候，管理就失灵了。

我们中国人是内心非常矛盾的。上级安排我们做事情，我们一方面很高兴，认为他看得起我们才叫我们做；另一方面又很不高兴，认为上级虐待我们，别人没有事不让他做，总让我们做就是找我们麻烦。所以做领导很难，你逼他做，他不高兴；你不逼他做，他还是不高兴。这是很难处理的事情。

有些人是没有这种问题的，规定该谁做谁就做，是非常清楚的。也许有人会说，我们也把事情规定清楚，不就可以了。我的答案是没有这么简单。

我们中国人有一句话，叫作“民不畏死，奈何以死惧之”，就是说一旦到了下属不怕上级、对上级毫不畏惧的时候，推、催、逼、压就完全没有用了。所以，制度会使得主管无能为力。

举个例子。上级按照制度来激励下属是没有效果的，如果是按照制度给他发奖金，他一点也不感谢你，他会心想：

"这是我按照制度应该得到的，凭什么要感谢你？"而且他还开始抱怨，这个奖励制度已经制定三年了，三年前奖励 2000 元，现在还是 2000 元，为什么不随物价的上涨调整？他一百个不满意。所以，中国的老板会给主管比较大的自由裁量权，就是这个道理。

此路不通的时候，最好反过来想一想，人真的喜欢被动吗？人真的需要推、催、逼、压吗？

主管要下属做事情，是不可以发号施令的。我在当领导时，每向下属交办一件事情，我都会把他请来。

我的第一句话是："李科长，我知道你最近很忙。我这里有一件事情，但我实在不忍心再叫你做。"

他说："没有关系呀。"

我的第二句话是："这件事别人不会做，你又那么忙，我给谁做呢？我看还是我自己做好了。"

他就会说："你千万不要自己做，我做好了。"

他就轻松愉快地去做了。你为什么要推、催、逼、压呢？

有些西方人的职位说明书，是一二三四五六七，写完了就完了，没有其他东西。中国人的职位说明书，是一二三四五六七写完了，总要在最后加一条"其他"。因为，没有“其他”，他就不去做那些本该完成的事情；有了“其他”，他会非常高兴地去做。

所以，同样一件事情，你把方向掉过头来，反过来想一想，就会得到完全不同的效果。

六、中国人只要心里很乐，什么事情都很好商量

人并不喜欢被动，刚好相反，人喜欢自动。人性的尊严在哪里？就在于自己可以为自己做决定。如果事事被动，还有什么尊严可讲？

人最乐意服从的，就是自己的决定，而不是别人的决定。人对别人的决定多半会感受到一些压力，多半会想要抗拒；但对自己的决定，会非常乐意去接受，而且不打折扣地去执行。

人的心态是非常重要的因素。一个人自动的时候，他会觉得样样都很好，会心甘情愿地去做事，心情十分愉快。一个人被动的时候，他就觉得样样都不满意，心里不情愿，做起事情来，不是拖拖拉拉，便是敷衍塞责。

中国人只要心里很乐，什么事情都很好商量；中国人心

里不乐，就最难商量，他样样都斤斤计较，这是很可怕的。一个主管如果完全只是按制度办，下属对你一点畏惧的心都没有，你就很难去领导他。

我们看一个员工，如果一眼看过去，就认定他是被动的，你将无法领导他；如果一眼看过去，假定他是自动的，你就很容易领导他。

举个例子。有一天你要搬一张桌子，看到一个员工走过来，就说："过来过来，帮我把这张桌子搬到那边去。"

他会怎么反应？他会告诉你说："我今天没有办法帮你，因为我手疼，如果平常的话，我一扛就搬过去了。"

意思就是说，你自己没有手疼，你自己搬过去就好了，为什么让我搬？但他心里的话是从来不会说出来的。

所以一个管理者，是不可以这样发号施令的。我建议大家讲话之前，先看看对方，这是很重要的。对方手上有一块小贴布，你没有选择，第一句话一定要问他怎么了，不要谈工作。

中国人最好的管理方式，就是先处理心情，再处理事情。即使他的手很疼，有了你的关心，他也会马上告诉你："没什么。"

你说："你手疼，算了，我自己搬好了。"

他马上说："你走开！"

他就立刻把桌子搬走了。因为他是自动的。这样做事情，他就不会觉得有什么不愉快，而且还觉得是自己应该做的，不是你逼迫他做的。

同样一个人，自动和被动的时候，简直成了两个完全不相同的人。

所以，我们在领导下属的时候，不妨先问一问自己：到底自己比较喜欢自动，还是真的喜欢被动？调查访问的结果是大多数人喜欢自动，并不喜欢被动。

我们要做这个转化的工作，明明是上司的意思，要变成下属自己的意思。这就不一样了，就是一个被动，一个自动。当下属感觉到被动的时候，他会有抗拒的心理；当他感觉到自动的时候，他完全不会计较，更不会抗拒，而且很乐意去做。两者的效果是完全不相同的。

我国台湾地区的宏碁公司不实行员工打卡制度，它却管理得很好。其实，现在越来越多的公司都趋向于实行员工不打卡制度。为什么呢？因为大家都明白，所谓制度管得了员工的身体，却管不住他们的心；而且打卡通常是针对蓝领阶层的，让白领阶层打卡，对其来说就是一种被动，一种逼迫，一种不尊重。而且更妙的是，打卡就是提醒员工要下班了。如果不打卡，员工可能还会忘记下班，他的工作还没有做完，怎么知道下班呢？很多人没有想到这一点。

第2章

自主，
是人内心深处的向往

一、人只有自动自发，感受到自主的尊严，才会充满快乐

小孩子最喜欢模仿大人的动作，是一种自动的学习。

小孩子喜欢工作，常常自动做这做那，忙个不停。小孩子喜欢做自己想做的事，看起来相当不听话，实际上是一种自主的表现。

人会自动，喜欢自动，是上天给人的最有利的生活权利。人会自主，喜爱自主，是上天对人必须向自己负责的最好启示。

作为一个人，首先必须要对自己负责，在此基础上才能更好地对他人和社会负责。还要说清楚一点，人要为自己负全部的责任。因为，人生只有一条定律，叫作“自作自受”。你怎么决定，你就要承受那个后果；你怎么选择，你就要负起全部的责任。我们常常把责任推给别人，那是自我安慰，是没有

实际效果的。

自动，才会勤劳工作；自主，才必然承受自作自受的后果。

孔子说："知之者不如好之者，好之者不如乐之者。""乐"便是自动的状态。人只有自动自发，感受到自主的尊严，才会充满快乐，一旦被动，产生被压迫的感受，那就乐不起来。孔子自己乐而忘忧，不知老之将至，便是由于"从心所欲，不逾矩"，完全没有被动的感受，所以再辛苦，也不认为被压迫，不致半途而废。

人的自我实现，表现在自己完成自主的行动之中。这种感觉，我们从小就喜欢，可惜为时不久，便被无情地剥夺了。

二、别把下属骂到不敢自动

小孩子是很喜欢动的，一会儿做这个，一会儿做那个。善于教育小孩子的妈妈，看见小孩子拿扫帚，就说：妈妈换一把小的扫帚给你，这个比较适合你，妈妈教你怎么扫地……这样孩子就会越来越自动。

但我们许多人并没有好好地引导小孩子。小孩子一自动，大人就责骂他，说他不听话，爱乱动。于是，小孩子原本爱自动，却被骂得不敢自动；小孩子天性爱自主，也被骂得不敢自主。

大人一方面希望孩子独立，不要太依赖父母；另一方面又把孩子骂得不敢自动、自主，实在是一种矛盾。我们要孩子自动自发，可是又常常加以责怪，骂到孩子不敢自动自发，这实在是教育上的一大失误。

我们许多人对孩子的教育方式是，对也骂，不对也骂。我们原本的用意，在教导孩子不能认为“对，就好了”，更不应养成浅尝辄止、不能深层思虑的不良习惯，这也就是“慎始”的严格训练。可惜行之日久，我们许多人用错了方法。当孩子自动的时候，父母如果同样采取责骂的态度，弄得孩子不敢自动，孩子长大后就会产生“不做不错，少做少错”的观念，抱持“多做多错”的心态，显得十分被动，而不敢自动做事。

管理上也是一样，下属被骂到不敢自动，上司反而责怪下属被动，岂不可笑?

慎始是必要的，不敢自动却十分不幸。因为不敢做的结果，不但学不到东西，而且会逐渐丧失工作的兴趣，这实在不是一种合乎人性的方式。

三、别被下属“活活气死”

人不能自主，根本就不能生存。样样靠别人，自己迟早活不下去。

上司管下属，触犯了下属不喜欢被动的人性弱点；即使下属觉得丧失了尊严，也不敢明目张胆地有所抗拒。在这个时候，下属被骂到不敢自主，不过是一种表面的现象。实际上下属还是不放弃自主的机会，不过是暗地里自作主张，表面上服从而已，仿佛要把上司活活地气死。这样，就形成了下属阳奉阴违的坏习惯。

我知道的很多中国主管，大部分是被下属气死的，这便是不重视人性管理，忽略人的自动性的恶果。虽然是自作自受，但是也令人伤感。

所以，与其让下属暗地里自主，上司被活活气死，不如让下属有参与的机会，鼓励他自动、自主。

四、一切为公，你怎么变都是对的

阳奉阴违和“上有政策，下有对策”并不相同，是一种只顾自己不顾整体的不良行为。

“上有政策，下有对策”是一种权变行为，只要动机纯正，目标掌握得正确，便是随机应变。而阳奉阴违基本上是一种投机取巧的不正当行为，既然“阴违”，就表示有一些见不得人的成分。

“上有政策，下有对策”算不算阳奉阴违？不算。表面上答应，实际上不照这样做，才叫阳奉阴违。“上有政策，下有对策”是说，你的政策我照样做，但是实际执行过程中遇到困难，我会去拐个弯，最后还是要落实你的政策，它是“阳奉阳违”，差一个字而已。“上有政策，下有对策”和阳奉阴违还是有一些不同的。

“上有政策，下有对策”有两种不同的典型态度：一种是为了贯彻、落实你的政策，所以我会调整，本来办不通的，一调整就办通了，我的调整是为你好，这是好事情；另一种是把政策拿来，然后把它变个样，把很多利益放进自己的口袋，营私舞弊，那当然不好了。

所以我们不要轻率地去论断“上有政策，下有对策”是好还是不好。权宜应变有一个很好的标准，就是到底是为公还是为私。一切为公，你怎么变都是对的，都是随机应变，就算变错了，人家很容易原谅你；你只要有一点点为私，你怎么变都是投机取巧，所有人都会怀疑你，变中有一点点错误，你就不好办了。

因此，阳奉阴违相当可怕，最好不要成为权宜应变的一种方式。自主自动应该在相当程度上表现出来，不应该暗地里去做。相当程度地调整，并且明白地表现，才是正常的随机应变。

五、让每个人都对自己负责

人最乐意顺从自己的决定，但人必须对自己的所作所为负起全部责任。

企业目标，由企业自己决定；家庭发展方向，由家庭自己决定；成员的去留、忠诚与否，也都交由自己决定。

自己的决定，对个人而言，就是“自动”与“自主”。合乎良心的自动、自主，才是人性的光辉、人性的尊严。什么是人性的光辉？什么是人性的尊严？就是你能够合理地自动自发，表示你的诚意，而没有任何交换条件。

我们要对工作负责，要每一个人都负责，而不是谁负责，谁不负责。主管负主管的责任，员工负员工的责任。每一个人都为自己的所作所为负责，这才是最好的企业文化。

我们要员工对自己的工作负责，就应该让员工自动、自主。所以，当主管的人不可以说这种话："我平常那么照顾你，你怎么这样对我？"或者说："我对你还不好啊？你怎么这样没有良心！"人跟人之间，没有投资报酬的观念才是正常的。就好像父亲对儿子一样，是不应该有投资报酬的。我能做的我做了，没有恩惠；你能做的你做了，我不强求。这才是人性。

真正的自动是员工衡量自己的能力，他不负自己的良心，觉得应该做的就应义不容辞。这样的生产力，才应该是相当高的。所以，我们就可以归纳出，主管的职责就是提供一个平台，制造一种氛围，让你的员工能够在这里自动地把工作做好。这才是最佳的领导。

因此，我们要美化工作环境，有时候还可以放放背景音乐，但是声音不能放得太大。我们今天常常见到背景音乐的声音太大，其实是一种干扰。让大家进来以后，很愿意工作，而不受干扰，这才是我们美化环境的目的。有很多人常常在外宾面前夸耀自己的公司像花园一样，我是不以为然的，因为美化环境是给工作人员感受的，不是让别人参观的，不要本末倒置。所以要怎么布置工作环境，应该让员工自己决定。我的做法就是这样，在规划整个办公区域时，我会让所有的主管都来参与，然后大家讨论哪个单位在哪里比较好，最后这块区域就分给你，至于你们内部怎么安排，你们自己去决定，公司一般是不过问的。

六、人希望自主自动

“M 理论”认为“员工如果关心工作，就会适时应变”。一个员工如果真正关心他的工作，他就会适当地求变，会对自己的工作负起全部的责任，于是员工就希望能够自主、自动。因为唯有如此，员工才能够负起全部的责任。

我们经常发现，如果公司号召要改变的话，员工基本上是完全抗拒的。因为他已经习惯了，你做任何的改变，对他来讲都是一种负担。所以我们不要去强制员工改变。

以公司普及电脑为例。公司要进行电脑普及，却遭到所有员工的抗拒。为什么？因为他们担心一旦电脑普及了，公司就要裁员了，他们可能就会下岗。所以我们在推行电脑化的时候一定要告诉大家：所有人事都不变，所有工作都不变，你以前用打字机，现在还可以继续用打字机，也可以换电脑来打字，一切自愿。他一想，既然还是打字，而且使用电脑的工作效率更高，还可以学新东西，他就不会抗拒了。于是电脑慢慢地也就在公司普及了。

因此，自主自动并不是不服从上级的命令，不遵守组织的规定，而是在上级的命令和组织的规定范围内，依据持经达变的精神来加以衡情论理。

合乎良心的自主自动，便是合理的应变，力求无一事不合理。

第3章

自由，
要有界限才长久

一、只有人人都守本分，人人才有自由

絜矩之道的“絜”是审度的意思，就是自己要仔细考量的意思。对中国人来讲，我认为最难的就是“度”，这个“度”就是度、量、衡的意思，就是你自己要去评估，要去拿捏，而不是使用统一的规定。

我们不太会订立统一的规定。因为，每个人的定位不一样，每个人的分量不相同，每个人的智商不一样，每个人的反应也是有差异的。

绝对的自由是不存在的。人要自由，必须自己审慎度量，不要侵犯别人的自由。人人都审慎考量自由的尺度，不侵犯别人的自由，才能够人人都享有自由。

所以，我们有自由，只不过是相对的自由，不可能有绝

对的自由。西方人说“不自由，毋宁死”，很多中国人是不会接受这句话的。我希望大家了解，一个人要争自由，就是因为他已经没有太多的自由，他才会争自由。中国人古时候其实拥有很多自由，很多时候都是“天高皇帝远”。

人只有审度的自由，也就是守本分的意思。只有人人都守本分，人人才有自由。《尚书·大禹谟》中说：“人心惟危，道心惟微，惟精惟一，允执厥中。”人心是十分危险的，因为它变动不居，很难加以掌握。道心则十分微妙，虽然无声无息，同样看不见，却能够用来驾驭千变万化的人心。在孔子心目当中，真、善、美已经融合成一体，我们只要把守本分当作自由，而把个人的自由安放在守本分的范围内，便能够随时随地地审度到合理的地步。

做事难，做人更难。难在哪里？全在于“度”不容易拿捏。我们只要凭良心，自然会出现微妙的道心。中华民族的伟大之处，即在胸怀中自有光明正大的灵光。每当我们扪心自问、反躬自省之时，便会自然而然地做出自主的合理判断。

二、规矩一定要有弹性

“矩”表示法则，也就是规矩的意思。规矩其实就是制度。我们常说“没有规矩，不成方圆”，可见中国人是非常重视制度的。

中华民族是全世界最早会定制度，而且把制度定得最严密的民族之一。早在西周时期，周公就制礼作乐，建立了周朝的各项典章制度，所以孔子对他很尊敬。

有人批评我们中国的法令不够周严，变来变去。真的是这样吗？

我们如果问国有企业的老总：你觉得我们的法令不够周严吗？他的回答一定是说规定太多了，把我管得死死的，根本就动弹不得；如果是问民营企业的老板，他却会觉得好像没有什么尺度，没有什么规矩，任何事情都可以做。

所以我们首先要明白，什么叫作规矩？有些国家的人用文字定出来的法令规章，它是死的；我们中国人用文字定出来的制度，却是活的。中国人理解规矩的麻烦就在这里。同样的交通规则，有些国家的人眼里是一清二楚的，在某些中国人看来却是含含糊糊、模棱两可的。

中国人有制度，但是不可能严密，因为它要保留相当大的弹性。否则的话，制度就把一个人从头到脚捆得死死的，使他动弹不得。所以，中国人的规矩一定是有弹性的，没有弹性，就无法得以执行。

举个例子。某公司规定：上班时间禁止看书报、杂志，违反规定者一律罚人民币300元。这个规定非常清楚，也十分周严，但恐怕没有一个主管或领导敢去执行，他会说："我才不管他呢！"因为大家心里都明白，你照章处理，把他抓过来处罚300元，你不是好的领导，可能是最差的领导。因为你向上汇报的时候，你的上级就会很轻松地说："做人不要度量太小，你大概是看到他平常表现很好，所以抓到机会就整他，没有必要。即使想把他整走，也轮不到你呀！"我们照章行事，经常会被上级认为我们在趁机整人，这样危险性更大。而且员工在看书报杂志，你一抓他，他就叫冤枉："我根本没有看杂志，是因为某某平常看我不顺眼，所以陷害我。"这样，你更是跳进黄河也洗不清了。

许多年轻的主管很天真，总认为自己一切照规定去做，应该是没有错误的。如果这样理解，那你真的错了。

我们任何一个组织都是要有规矩，是不能违反的，家有家规，帮有帮规，组织有组织的规定。规矩是一个人工作的基础，不了解规矩的人，根本不知道怎么活动。我们很早就明白，一个人如果不守规矩，基本上就不应该享有自由。不守规矩表示不守本分，这种员工就不应该享有自由。因此可以说，法则、规矩、办法和规定等，都是用来约束这些不守本分的员工的。

有规矩才有方圆，没有规矩就是乱搞一通。规矩是因时代而改变的，但是不管怎么变，规矩一定要有弹性。我们在这个弹性里面去拿捏，让大家都合理地遵照法则规矩，就是絜矩之道。

前面说过，絜矩之道的“絜”字，意思是审度。“絜矩”即在法制规矩的许可范围内，自己审慎度量，决定合理的应变。这种审度事物的道理，借以将心比心，使大家都能够用合乎规矩的方式，叫作絜矩之道。

一个人最安全、最好的办法，就是常常要动脑筋。一个人的智慧就是从不断动脑筋中得来的。一个看到规矩就完全照规矩行事的人，他是不太会动脑筋的。“穷则变，变则通，通则久。”只要看到“此路不通”就回头走的人，他是完全没有机会的。天底下只有中国人看到“此路不通”，他会审时度势、合理应变，然后继续往前走。

我们现在常常面临两个很重要的选择，一个叫随机应变，一个叫投机取巧。但我们中国人千万要记住，所谓的“正道”“大道”“中道”，就是你只可以随机应变，绝对不能够投机取巧。

所以，絜矩之道就是抱着随机应变的心态，来找到此时此地的守规矩的合理方式。道理就这么简单。

三、自由有一定范围

人喜欢自动、自主，就是因为人喜爱自由。每个人都有自由。但是记住，自由有一定的范围，我们只有有限的自由，不可能有无限的自由。

人只要活着，就必须守规矩、重纪律，不可以爱怎么样就怎么样。因为，人与人之间密切相关，你完全自由，那你置别人于何地？

例如，当你一个人睡一个房间的时候，你爱开灯就开灯，爱关灯就关灯，你有充分的自由。可是当两个人同住一个房间的时候，你就只有50%的自由了。所以，你做什么事情一定要考虑到对方，否则两人一定会因矛盾吵架。

我们只要有相对的自由，就应该心满意足。老天不可能让人类拥有绝对的自由，那叫“无法无天”。我们可以自主，但是要合理，相对的自由加上合理的自主，这叫“自律”。所以，我们在订立制度之前，一定要做好自律的准备工作。

我们订立的规矩、规定、法则、制度，都是员工自由的范围。组织成员只有在组织规定、上级命令的范围内，才有自动、自主的自由。

制度化是絜矩之道的起点。制度是很重要的，但是它不是最重要的；制度是很必要的，但是它不是最好的。这才是真正的道理。

每一个人都要重视制度，尽可能按照制度去走，这样就对了。在制度内的自由，才合乎絜矩之道的要求。

很多西方人认为，制度既然定了，每一个人都应注意，而且要全力地照制度去做，所以他们基本上能够做到令出必行。我们现在有些人还没有办法做到这一点。

我每天坐不同的人开的汽车，发现有些人都是规规矩矩的，但是常常闯红灯。司机一看闯红灯了，觉得很不好意思，就对我说："曾老师，我没有想闯红灯。这个地方原来根本没有红灯，突然间装了一个，所以我心里没有准备。"这是一个很好的理由。还有的人会说："前面那部车子太高，把红灯挡住了，要不然我怎么会这样呢？"我这才发现中国人是很可爱的，他从来不说自己存心要闯红灯，只是不知不觉地就闯过来了。

我们一定要有规矩，不可能没有规矩。但是，我们的规矩永远是有弹性的。因此，我们的自主是在规矩的范围之内。其条件如下：

（一）在法令许可的范围之内

法令如果完全没有弹性，这个法令根本就行不通。法令为了要行得通，它一定有相当的弹性。所以就出现一个弹性变动的范围。

（二）一定要在法令许可的范围之内衡情论理

也就是要同时考虑到情、理、法三个因素。在法令许可的范围之内衡情论理，就是合理解决。所以，我们很少依法办理，也不可能完全用人情来处理事情。我们真正要的是合理解决。

（三）一切的后果我要负起完全责任

当你衡情论理的时候，就要提醒自己，你所有的决定所产生的一切的后果，你要负起完全责任。这样你就不会乱来。所以，我们处理事情时，第一个要先把规定拿出来看一看。中国人一般把规定放在肚子里面，不会讲出来，因为讲规定伤感情，所以嘴巴上讲“情”，肚子里面想“法”，当中还有一个看不见的尺叫作“理”，是三个要素同时在起作用。

把法当作腹案的人，人际关系会比较好。开口闭口讲规定的人，人际关系很差，将来什么事都做不通。所以中国人心中有规定，嘴巴上没有规定；嘴巴统统在讲人情，心里想的却是规定，最后衡量的是一个尺度，叫作“合理不合理”。依情依到合理的地步，依法依到合理的地步，你就很完整。

法有弹性，情有后果、有亲疏，你两边一衡量，抓到合理的地步，你就去做，应该没有问题。在一些人看来，很多事情只有一个标准答案，那就是“合理就好”。

但是理是变动的，不是固定的。所以，我们随时随地要做不同的调整，这就叫作“自主性”。所以中国人“听话”和“不听话”是一样的，“依法”和“不依法”也是一样的，这是高难度的东西。因此，你才能够体会中国人讲“Yes”的时候，他可以变“No”；讲“No”的时候，他可以变“Yes”，因为“Yes”就等于“No”。

四、守规矩自动自主

守本分、守规矩是做人的根本，也是员工的必备素养。只有守本分、守规矩的员工，才有自动、自主的自由。员工自动、自主也应该守规矩，才合乎安人的要求。

乱七八糟、毫无节制的自动、自主，危险性极大，应该极力加以避免。中国员工希望有自动、自主的自由，最好的办法，即在于自觉、自反和自律。

第一，自觉。就是自己要醒悟到，不喜欢被管是有条件的：必须先把自己管好，才有资格要求别人少管我们。管不好自己，别人是一定要来管的，否则谁都不管，岂不是天下大乱？

第二，自反。要管好自己，必须时常自反：要好好地反省、检讨自己有哪些过失。如何改善才能够不断提升自我？如何守规矩才能不被上司或他人指责？自己不知道检点，却又不接受别人来管，那就是蛮横无理、无法无天。

第三，自律。自反的结果，必须表现在自己的行为、态度上，要求自己守本分、守规矩，这样大家才看得到，也才敢相信你。所以，管好自己的言行举止，也就是要表现出高度的自律，这样才是自动自主的良好基础。

我们先从守规矩做起，再学习权宜应变，这时候才有将心比心的可能。

“絜矩之道”看上去只有四个字，其实在很多地方，我们都可以用得到，因为在非常多的时候，我们都要将心比心。

我国台湾地区的宏碁公司不实行员工打卡制度，可是在下午六点钟以后，很多员工并没有下班回家，因为手上工作还没有做完。部门经理就会自掏腰包去买快餐，给这些没有下班的员工吃。员工非常感动，吃完快餐后不好意思马上回家，就只好留下来再做一点工作。

然后员工就开始建议，公司应该订立一个制度，下午六点钟后员工吃饭时，不要让部门经理自己花钱了，由总务部门统计人数，公司出钱统一发快餐。这样做好不好？绝对不好。幸好宏碁公司的管理者也很聪明，这个议案在高层会议上提了三次，都没有通过。这是正确的。

大家试想，如果公司果真形成制度，总务部门下午六点钟以后就来统计人数，可能很多员工即使工作做完了，也要等到六点钟以后才回家。因为可以免费得到一份快餐，说不定还有人会领了快餐后，拿回家去吃。大家还会认为，既然是公司出钱，就应该买好一点的快餐，不应该买差的。公司的成本突然就会高起来。这样的制度是完全没有效果的。

更好的办法，并不仅仅是订立制度，而是由部门主管自己掏腰包去买快餐。但是公司可以按月私下补助这些部门的主管，这或许可以收到更好的效果。

制度是死的，人是活的，两者要兼顾，缺一不可。

五、人人守分有规矩

管理良好，起码的条件是制度确立，而且人人遵守。在这种人人守规矩的大前提下，合理地持经达权，大家才有絜矩之道可言。

了解和同情，是守分、守规矩的员工才享有的权利。不守分、不守规矩的员工，很难彼此了解，也不可能合理地相互同情，往往产生滥用情感的危险。

所以，互信互谅，必须居于守规矩的基础上，彼此才有保障。这样，人人守分有规矩，才能够放心地将心比心。

不守规矩的员工，经常不动则已，一动便天下大乱。前已述及，不论管理者或被管理者都有“人心”和“道心”这两个心。虽圣人不能无人心，虽小人不能无道心，但我们也不必害怕“人心”，因为人不可能没有情欲，否则刻薄寡恩，也不是什么好现象。我们只要掌握“可欲”与“不可欲”的分界点，一切依义理来取舍，做到“已欲立而立人，已欲达而达人”的地步，就可以允执厥中了。管理者在这一方面最好以身作则，时常反省自己、提醒自己，必须确立公心，凡事务求秉公处理，以道心为主宰，自然公而忘私。这样不但克制自己的私欲，而且关爱员工，从而引起员工的良好感应。

六、从小小的信任开始

“M 理论”主张安员工，就是要让员工获得最大的自由。但是员工的自由，要顾及整体和他人的安宁，不能够妨害整体和他人的自由。

"M理论"又主张持经达权，员工有持经达权的自由，却没有离经叛道的自由。合乎安人和经权的要求，员工才可能享有最大的自由。

自由表现在达成目标、求取安宁方面，人人都喜欢，人人都求安，个个有自由。

因为人心惟危，相当险恶，所以"防人之心不可无"。人与人之间，非经过考验，是不能轻易地相信的。我们最好由小小的信任开始，经过考验之后，才逐渐增加信任度。若是未经考验，便"疑人不用，用人不疑"，恐怕反而害了被信任的人。自古以来，有私心的人很多，他们遇事只想到自己的利害，并不关心别人的感受。对于这样的人，我们一相信他，便会上当。我们往往由于过度轻信他人，导致对信任他人的恐惧，以致从此不敢再信任别人，这岂不是自作自受？

现代社会，大家盲目竞争，利欲熏心，眼光小得像针孔，利心却磨得像针尖。人情世故，愈来愈淡薄；利害关系，也愈来愈紧密。大家多私利、小利、近利，却忘掉了公利、大利和远利。管理者必须小心提防这一点，务求信任得恰到好处，才是合理的絜矩之道。

第4章

越控制，越引发反抗

一、自动并不真实存在

自动化是工业革命以后，逐渐由机械化演进而来的一种生产方式。生产自动化，逐渐扩大到其他各部门，也使这些部门跟着自动化起来。除了办公自动化、程序自动化之外，也应该讲求人力自动化。

所谓自动，其实都不是真正的自动。世界上有没有真正自动的东西？答案是没有。

有位乡下老人第一次进城，他看到电梯的门会自己开、自己关，就觉得很稀奇。后来他感觉到有件事情更不可思议，就是一个老太婆走进电梯以后，一会儿再出来时，变成一个年轻貌美的小姐。所以，他回去后就再三和自己的老婆商量，让她随自己到大饭店去一趟，他老婆搞不清楚他要干什么，坚决不同意，他好不容易把她拉到饭店来，然后就把她送到电梯里面去，自己在外面一直等，希望她出来时能变成一个年轻貌美的小姐。结果他老婆出来时，还是那个老太婆。

一个人不了解真相，常常会被蒙骗。什么叫科学？就是要发现事物的真相。科学首先是求真，而非求美。依据物理现象来观察，任何东西静止不动时，如果不施以外力，它将永远静止。因此，那些看起来好像自动的事物，实际上都不是自动，而是有力量在推动。

二、感觉到力量叫他动

自动就是他动。因为，所有的自动都是经过人工装置的东西，其实还是人在控制。

例如，对于自动门，你不按按钮，它会动吗？你说那个自动门是完全自动，错了，因为它上面有一个感应器，你被它感应到了，门就开了；你没有被感应到，它还是不会开的。

所有的自动，都不过是假象。它一定要有相当的设计、相当的装置。换句话说，它是要有一定的控制系统的。

因此，明白自动门的自动原理，一眼便能看出自动装置的作用，看得见推拉的力量来源，我们认为自动门也不过是一种他动。

同样，自动钟表的电池或者自动卷发条装置失效时，自动钟表也是无法自动走动的。我们马上也会了解到，自动钟表原来也是他动。

看得见力量的来源，感觉出力量的存在，我们很容易判定其为他动。我们肉眼所看得见的一切自动，其实都属于他动。我们当然看不见力量，但是我们可以感觉到力量的存在。这时候我们就认为是他动。

三、看不见的就是自动

但是，我们往往有一种错觉，认为看不见的就是自动。

自动门的自动装置，当我们不去注意时，就会认为门在自动。植物如果缺乏阳光和水分，也不能自动生长。但是，当我们没有觉察到阳光和水分时，就认为植物会自动生长。

凡是那些东西经过一番精心设计，把自动装置隐藏起来，让我们看不见，这时候，我们可能不知不觉就认为是一种自动。他动的东西，在我们不知不觉当中，有时会产生自动的感觉。物的他动，在人们的无意识中，被人当成自动。所以，当我们忽略了力量的存在时，自动的观念自然产生。

我们习惯于把“用机械力来取代人力”的措施称为“机械化”，而将“用机械来代替人类的感觉和控制”的活动称为“自动化”。在现代化的生产过程中，微电脑、微处理机以及程序化电路代替了人的整个中枢神经系统，它们控制着气压、液压、电子元件的动作，再通过这些无形的动作，使机械产生一连串有形的制程，以实现自动化作业的目的。当人们看到有形的制程，却看不见那些无形的动作时，常认为这些机械真的自动起来。实际上如果没有那些无形的动作，这些机械是自动不起来的。

四、人的自动具有意识

人和物是不同的，物是在人的无意识中自动，人却应该在自己的有意识中自动。

人不是一般的物，人具有意志的自由，这种自由为我们提供自动的意识。人具有意志力，可以决定自己要不要自动。对意志力来说，它是人自己所具有的意识，所以算是自动。人的自动出于自觉。人有意识地制定目标，有意识地从事计划和准备，有意识地贯彻执行，都是有意识的自动行为。

我们常说人有良心，德国哲学家康德（Immanuel Kant）称之为“无上命令”（categorical imperative），是一种“应当”或“当然”的自由意志，不同于自然界的“必然”。因为道德界是自由的，而自然界则是决定的。人类必须具有自由意志，才能在道德上负起责任。如果员工没有自由意志，不能做出自主性的决定，那么迟到、早退或怠工等行为，就根本不能说是员工的过失，也自然不应该给予责罚。

康德认为大自然产生的有组织物品，每个东西的性质都是目的，又互为手段；其中没有一件是虚设的、无计划的，没有一件可归之于大自然盲目的机械作用。人应当有自由，而人的自由实际上表现在自觉的行为上。我们能够有意识地自己制定目标，有目的地从事计划和准备，自动自发地执行，随时表现出高度的改善意识，不断地发掘问题、解决或化解问题，并且有效地检讨与改进，这些都是有意识的自动行为。

五、喜欢自主害怕自动

但我们要去了解员工的行为，就必须把“喜欢自主，害怕自动”这八个字放在自己脑海里面。

我们很喜欢自主，但是很害怕自动。员工不可能完全听从命令，一切依组织的需要而行动。因为人有自觉，需要自主。

喜欢自主、害怕自动是人性。尤其是中国人，特别喜欢自作主张，擅自做主。

很多中国人从外表看来都是没有原则的。实际上，他很有成见，你还很难去说服他。有人说可以说服任何一个中国人，我一直不相信。我们是让中国人自己改变他的主意，而不是你在说服他。一个存心说服人家的人，会引起他人很大的抗拒。所以，真正会推销的人，是用不推销来推销的。

但是，员工每次自动，结果经常是挨骂、受罚，因此出现被动地服从却偷偷地自主的不正常现象。员工表面上服从，暗地里自作主张，就会造成管理上的很多困扰。

六、害怕自动也是自主

是谁让自己害怕自动的？追究起来，也是自己的意识，使自己不敢自动。可见害怕自动，不敢自动，或者不愿意自动，都受自己的意志力控制。

自己使自己被动，自己使自己不敢自动，自己使自己不愿意自动，事实上都是自己的一种自主行为。

自己决定要被动，他人很难逼使我们自动，顶多推一步动一步，也还是被动。自己决定不自动，他人几乎毫无办法。所以，我们自己决定要自动，马上就会自动起来，变成真正的自动。

中国人是不学则已，一学起来就非常快。中国人的手脚是全世界最灵活的。你去看全世界的工厂，工人要么是右手动，要么就是左手动，只有中国人，当他自己愿意的时候，可以两只手一起动，而且不会出错。因此，我们不是不会自动，只是愿意不愿意而已。

很可惜，我们大部分人都是不愿意做的。我会做、我能做，就是不愿意做，你能把我怎么样？你要对中国人讲他没有能力，你是要倒霉的。你跟美国人讲他没有能力，他很服气，因为他们有一套很严谨的评估方法。你对中国人讲他没有能力，他一百个不能接受，他心里会想："我没有能力，谁比我有能力？你把工作机会给他，不给我，还说他有能力。你把机会给我试试看，我绝对做得比他好。"

第5章

真心感应，才能化被动为主动

一、自己的意识产生自动行为

员工自己有意识要把工作做好，称为“自动自发”。员工自己有心要做，就会产生自动的行为。如果他人发号施令，对员工来说，已经是一种被动，而不是自动了。

出乎他人的意识，叫被动；出乎自己的意识，才是自动。一个人可以自动，也可以不自动；不自动，它又随时可以自动。我觉得中国人最擅长这方面。

因此，作为一个主管，你要想办法让你的员工自动，而不是等他自动，天下没有等来的自动。上司希望下属自动，就应动脑筋、想办法让他自动，最好不要发号施令。主管喜欢指挥、指示、命令下属做事，下属只好被动地回应，而无法自动地工作了。

怎样促使员工自动自发？这便成为主管的重大任务。因为员工的潜能是不是乐于展现，将直接影响到成本。换句话说，在所有降低成本的行为中，人员的全心投入和全力表现，应该是十分要紧的因素。全力以赴，是降低成本的关键，也是絜矩之道的重大贡献。

特别是有些人，普遍不喜欢被管。我们重视絜矩之道，便是基于这种特殊的需要。用将心比心的方式，不明确说出来，也不明显表示，却能够通过心与心的感应，把员工的潜力开发出来。

往昔我们只知道从外部施加压力，徒然引起无谓的抗拒，行之日久更是愈来愈失去效能。现在我们温故知新，明白絜矩之道的现代化功能，当然要对员工的内心产生影响，使其自己形成内部的压力，而奋勇地自动自发，并产生无法抵挡的动力。

二、要用感觉的力量让他自动

絜矩之道就是将心比心，知己知彼。我们知己知彼，才有办法去控制对方。

我们说过，不要控制对方，为什么又讲控制对方呢？其实控制有两种：一种是无形的，一种是有形的。西方人讲究有形的控制，中国人讲究无形的感应。

我们希望员工自动，上司最好以心交心，让心发挥感应的力量，来激发员工自动。

上司用心感，员工用心应，自然产生感应的力量。心的感应，才是上司激发员工自己内心产生自动的最大力量。

人对自己内心发出的力量，是不会抗拒的。人对自己发出的力量，往往认为是自己的意志力，便喜欢顺着自己的意志力而形成自动。

我们要用感应的力量，让员工形成自动。这样，上司的力量，就会变成员工自己的力量，也就实现了上司对员工无形的控制。

前面说过，虚才能控实。感觉的力量是虚的，却能够产生实的效果。我们使员工从心里头想要自动表现，把工作做好，这难道不够实吗？

以心交心，首先要从关心着手。上司不关心员工，员工就不关心工作。上司只在乎工作，员工便关心保护自己的身体，以免被工作累坏了。上司关心员工，若是不够真诚，员工很快就会觉察，从此彼此互不信任。主管关心员工，必须真诚，员工才会感动，而且以用心和全心来回报。

上司不能够存心要求员工在工作上做出回报。只要员工感觉到这样的存心，就会自然而然地怀疑上司的真诚。我们常说“有心栽花花不发，无心插柳柳成荫”，道理是相通的。无心的“感”，才会引发良好的“应”；有心的“感”，其实已经不真诚，效果当然不好。

三、有感有应大家都乐于自动

我们不要直接发号施令，以免引起员工的抗拒或反感。

上司最好改用提问题的方式，让员工自己去寻找答案。同时，上司让出更大的空间，提供员工参与的机会。这样，上司逐渐退，员工逐渐进，员工就会由被动转为自动。上司和员工彼此有感有应，大家都乐于自动。

我是在 29 岁那一年才突然有所觉悟的。因为我在 28 岁时就当了中学校长，是当时中国台湾地区最年轻的中学校长。

可是我干起来的确很累，因为完全没有经验，一些事情根本不知道怎么处理。

有一天黄昏，我坐在校长室里面，突然间想起一件事情：既然我是学校的最高领导，为什么下属动不动就来问我事情怎么办，我一定要回答他呢？这时候，正好有一个下属进来，他问我："校长，这件事要怎么做？"我就站起来问他："我是校长，我不问你就好了，你还问我呀！你说怎么办？"话一说出，我就恍然大悟了。

我不知道大家当老总时，是让你的下属天天来问你，还是你去问他？如果让下属天天问你，你就长不大了，整个人就被烤焦了。总经理天天被经理"烤"，烤得焦掉了，所以叫"焦头烂额"。就这么一个观念，把我整个人都改变了。

自此以后，我越来越不累了。下属再来问我问题时，我只有一个回答："你的看法怎么样？"没有别的答案。他就开始自己寻找答案了。下属就开始讲一些问题，听完后我不会说"很好，很好"，而是继续问问题。我会说如果照你说的去做的话，经费够不够？人员够不够？时间够不够？你到底有没有把握？下属就完全自动了。

对于下属的回答，最后我的结论就是：照你说的去做，你自己要负责。其实我并不是完全没有责任，也不可能推卸责任，这样说只不过是想加强下属的责任感而已。这个动机很重要。

我经常发现，在回答下属的问题时，60% ~ 70% 的老总都会讲：“很好，很好，我也是这样的看法。”我劝大家千万不要这样做。因为，下属一下子就把所有责任都转移到你的身上，他完全没有责任了；然后他再碰到什么问题，仍会过来跟你商量，要求你提供帮助。

所以，我感觉到，要让下属自动，上司只有尊重他。只要问他问题，他就自动了。这是非常重要的一个领悟。

因为让对方自己去摸索、猜测，我们尽量提供相关信息和数据，帮助对方找到正确的答案，就可以满足其自动、自主的心理需求。

四、不施加任何压力才算自动

人对外来压力，总希望加以抗拒，以免自己承受不了，伤害自己的身心健康。但有时候不施加任何压力，人就无从抗拒，形成自动的行为。要让对方自己产生压力，而不是我们对他施加压力。

某电脑公司在下雨的时候，客户打来电话，请求公司派人上门排除电脑故障。接电话的维护工程师对客户说外面下雨，不愿去。假如你是主管，怎么办？

这是一个很有意思的例子。在美国人的电脑公司，只要有客户打电话进来，要求提供维修服务，接电话的维护工程师只有两种答案：一是15分钟以后到达；二是回答说今天安排的工作任务已满，希望改天前往，讲得很清楚。

中国人也会这样吗？不好说。我们可能会对客户讲第三种答案：你们那边难道没有下雨吗？他是不会直接说自己不愿去的。当一个工程师这样说的时候，他心里想的是：客户真没有良心，雨这么大，还敢叫我去！

现在一般的年轻主管，会跑去骂维护工程师："你年纪轻轻的，就这么没有敬业精神吗？虽说雨下得这么大，但客户电脑坏了，你还是要去的呀！你怎么可以对客户这样讲呢？你这是什么工作态度？"

其实这样讲，是没有用的。因为他也许会告诉你："报告主管，我这两天一直想找你，你太忙了。现在正好有这个机会，我告诉你，下个星期我不干了。”他辞职不干了，结果主管不仅没有劝说成功，反而越来越糟糕了。因为越有本事的人，他越不愿意承受外界的压力，越不受这个气。

因此，主管可以采用让员工自己产生压力的方法。那个维护工程师对客户说，你那边没有下雨吗？他开始不满意对方了。你就过去告诉他：“雨下这么大，你就不要去了。”他马上会讲：“雨是大了一点，但是客户的电脑坏了，一定很着急，我怎么可以不去呢？”你说：“你要去，就等雨小一点再去吧！”他马上讲：“这雨不知道要下到什么时候，我现在就去！”那你接着说：“要去，你小心一点。”他就马上去了。中国人是很奇怪的。

这样的方法太简单了，有什么难的？这就是借力使力，顺水推舟，员工一下子自动起来了。但生活中，我们许多人完全走错了方向，搞得大家很吃力、很不愉快。

当然，也有另一种情况，在你说“雨下这么大，你就不要去了”之后，维护工程师接着说：“我本来就不想去。”这种情况不是不可能的。

此时，主管就要心平气和地问他为什么不想去。他也许会说：“这种客户，钱没有交，还到处讲我们公司的坏话，电脑坏了活该！”你就说：“这种情况，别说你不想去了，连我也不想去。”可见他是对的。但是，讲完以后，你一定要对维护工程师讲：“如果是这种情形，换成你是客户的话，一旦维护工程师来到你的家里，你会很感动，会改变对我们的看法；但如果你不去，客户和你的裂痕会越来越大。”他认为你说得有点道理，他就会去的。

一个有情绪的人，我们应先让他把情绪发泄出来，然后再心平气和地给他讲道理，他多半是比较容易接受的。否则，你讲什么道理都没有用。

如果他根本就不讲理，就是不去，你也不用怕他。你就回去坐在自己的办公桌旁，然后大声对司机说：“老王，把我的车子开到公司门口，这个客户很重要，我要自己去！”维护工程师一听，他马上就站起来说：“你不是说不要去吗？你不要去，这个客户的情况我了解，还是我去吧！”他就去了。

人对自己内心所产生的压力，无从抗拒。而有所反应，便是自动的行为。因此，要让他自动自发，我们必须从自己做起，不施加任何压力给对方。

五、用心来感应是有效的途径

人性化管理，应该是心连心、心交心，用此心感应彼心的过程。心的感应力，看不见，摸不着，却实在有效。

下属认真地以上司为表率，模仿上司的言行，便是有效的感应。上司体贴下属的苦衷，处处为下属着想，也是一种感应。有感才有应，有应也会引起更多合理的感。彼此都用心，自然会心语相通，不致受到语言、文字的阻碍。

我们多用心，少用言语；多以行为来表示，少耍弄嘴皮。这样才比较容易产生感应。

你看每年母亲节快到的时候，儿女都会问妈妈："妈妈，母亲节快到了，我送你什么礼物好呢？"一般的妈妈都说不要，只要儿女乖就可以了。但儿女如果没有觉悟，没有用心来感应，过了母亲节还没有送妈妈礼物，妈妈脸色就不好看了。她心里会想：问了半天什么都没有，你问这干什么！妈妈说不要了，只要乖就可以了，这是要儿女自动，该送什么赶快送，这个意思是非常清楚的。

很多做儿子的真的很傻。一位男士对我讲："妈妈要什么都不告诉我，我怎么买东西给她？"我单独去访问他的妈妈。

我问她："你的儿子问你，你要什么，你就干脆告诉他嘛！你为什么不说呢？"她说："你杀了我，我也不会告诉他的。"我问她为什么，她说："如果我真的告诉儿子，我们这个房子太拥挤了，妈妈打算自己搬出去住，送我一套房子好了，他会受不了的。因为他目前没有这个能力。"我说："那你说不要不要，不是在为难他吗？"她说："不会的，只要儿子有心，只要儿子用心，他一定知道妈妈需要什么。我不说是尊重他，让他斟酌自己的能力，表达他最大的心意，这样就好了。"

我觉得中国人很高明，完全不像我们所想象的那样，是不会没有目的地推托的。只要我们多用心，自然会心语相通。所谓"不明言"，就是要你用心的意思。

例如，老板告诉我这个客人很难得来，中午饭菜搞丰盛一点请他。我一定说"好好好、是是是"，但我是不能自作主张的。因为我怎么判断都是错，不能靠押宝来做决策。过了10分钟，甚至过了半个小时，我会对我的老板讲，我在某个餐厅订了一个房间，你觉得好不好？他说请客人在隔壁饭馆就可以了，不必太浪费。

我们用心就慢慢地会发现，老板当着客人的面，只有一套方法，只能说饭菜搞丰盛一点。但是他心里有数，你不能当场就问他，因为他当场没有办法回答你。你要偷偷地问他，他就会偷偷地告诉你，这个时候他才能讲得很清楚。所以一个人要将心比心，就是这个意思。下属要体贴上司的苦衷，他有自己不得已的想法。

人与人之间，要形成一种很难得的默契关系，因为没有默契，就很难做事。

默契就是不讲话的契约，根本不用言语，但是它有契约行为。你跟妈妈讲好母亲节快到了，我送你点什么，妈妈说不用了，儿女乖就可以了。你说好好，然后过两天，你说有一种内衣，穿起来很保暖，已经订了一件，过两天送给她。妈妈说不要不要，她现在不需要。因为根本就没有买，是虚拟的，然后你得到了妈妈实在的回答。因此，多试几次，你就会得到真正的答案，没有人会一次就给你答案的。

事缓则圆，它是有道理的。现在很多人都喜欢直来直去，这并不是良好的沟通方式，因为直来直去就是不尊重对方。如果真有一天，妈妈对儿女们讲："今年过母亲节，你们每个人要送我 3000 元钱。"如果真是这样，你会有一肚子火，因为她不尊重你，把你当工具了。

我们只有将心比心，多用心，多用行为来表示，站在对方的立场上，才能找到两方面都很合适的东西。

六、最好由上司自己做好榜样

人怎么才会关心工作？怎么才会用心做事？其实就是一句话：上司希望员工有什么样的表现，你就要在他面前做出同样的表现。上司要求你的服务人员对客人态度亲切，你就要首先对你的服务人员有礼貌，否则他就会用你对待你的服务人员的冷漠态度去对待客人的。

上司的行为像风，员工受到启发，会产生草一般顺风而摇摆的反应。上司先具有至诚的爱心去关怀、爱惜员工，员工心理上自然有所感觉。上司的关爱，如果是短暂的、一时的，员工也许没有什么反应。若是能够持之以恒，时间久了，员工必然有反应。

我们布置一个安人的工作环境，大家和谐相处，良好的感应，自然持久有效。

上司做好榜样，员工自然跟进。所以上司希望你的员工有什么样的表现，你就要做他的榜样。千万记住：以身作则和技术无关，和专业无关，只和态度息息相关。上司要在态度上做员工的表率。

在本事上，上司是没有办法做员工的表率的。你的打字速度绝对比不上你的打字员，你哪里可以做她的表率？所以，以身作则是指工作态度和心态方面，而不是专业、技术方面。技术可能是越基层越好，而不是越高层越好。但还有一种可能：理念的东西却是越高层越深，越基层越没有经验。

但我们不赞成员工先对上司好，以免大家奉承、拍马，成为小人。我们建议上司先对员工好，表示关心、关怀、爱惜员工。

我曾建议很多的公司老板，在奖给员工物品的时候，不要拿自己喜欢的东西奖给他。很多公司在奖励有功劳的员工时，送他一打玻璃杯，结果员工家里已经有三打玻璃杯了。我们也不能每次奖励员工都是发钱。因为发钱以后，他可能都交到太太那里去了，自己就没有什么干劲了。

所以，最聪明的人事部门在准备奖品时，都会去问被奖励的人，说他这次表现很好，公司准备送他价值 2000 元的奖品，他自己想要什么。他也许会说自己想要一个电动刮胡刀，公司就去准备了。这样的上司才是真正关心、关怀和爱惜员工的人，才是最会奖励的人。

第6章

絜矩之道，
是长治久安之本

一、絜矩之道三阶段

“M 理论”的絜矩之道，可以分成三个阶段，必须掌握五大要领。

（一）尊重制度

制度是组织运作的先决条件，也是成员分工合作的基本规范。组织成员应共同以遵守制度为荣。

孔子在夏、商、周三代之中，最称赞的是周。因为周公制礼作乐，颁行相关的典章制度，并确立了我国的正统。中华民族不但擅长制定制度，而且对周边文明产生深远影响。

周公制礼，并不强制施行，也不是要求天下一致。他的特色，在于契合当时当地人民的需要，而不是以单一的制度来要求全国统一实施。这样的管理智慧，也颇为值得我们学习借鉴。

（二）配合现实

孔子主张“从周”，并不是沿用周公所制定的法，而是学习周公如何立法。他认为社会的进化是渐进的，不是突变的。我们在建立制度的时候，当然应该配合现实的需要，即使在制度建立以后，也应该采取将心比心的方式，来适时修订典章制度，并发挥持经达权的精神，以求制宜，获得安人的效果。

（三）制定行为公约

制度必须成为组织成员的共识，使大家乐于执行，并且尽量减少例外，这才是有效的运作。因此，孔子当年以文化来区分华夏和夷狄，而不是用血统来做标准，能够执行华夏的礼法的即为华族，否则便是夷狄。我们现代当然也可以采用这种方式，来共同订立行为公约：凡是遵照实施的，便是良好的组织成员，否则就应该对其规劝和教导，使其纳入正统。

除了上述三大阶段之外，还有以下两大要领。

（一）以身作则

主管必须以身作则，做员工的良好榜样。

（二）审慎赏罚

配合赏罚的时候，必须力求公正合理。

二、首先要尊重制度

尊重制度，是实施絜矩之道的第一要领。

任何组织，不论有形、无形，都有其制度。一般来说，管理往往是从建立制度开始的。一家公司，随着其发展壮大，它会越来越趋向于制度化的管理，这是顺理成章的事情。因为，当公司规模很小的时候，完全可以用人来照顾人，可是当公司规模越来越大的时候，就必须请制度来帮忙。否则，靠“人盯人”的方法是行不通的。

制度就是大家共同遵守的规范。大家分工合作的目的，就是先把共同的事务管好。因此，制度就是共同事务的规矩。

但是，制度要产生功效，首先要被尊重，尤其是高层管理者更应该尊重制度。因为管理者对其自身所制定的典章制度，如果不予尊重，而希望员工能对之尊重，实在是不可能的。

尊重制度，就要将心比心，首先必须注意不可违反规定。只有在规定的范围内，将心比心，才不致违反规定。大家心里头有尊重制度的准备，一切先看看制度怎么规定，然后再去合理应变，这样才比较有规矩。

三、其次应配合现实

制度是针对一般性、共同性的规定，而现实中往往会出现一些特殊性、个别性的事实。制度要自然而不断地生长，就必须配合现实环境与现实要求。

管理者千万不可明知制度不能配合落实，却极力要推翻现实来迁就制度，这种表面的“革新”，到头来只是形成若干“干扰”，并无实际效果。

制度配合现实的时候，我们先想不要破坏规定，以免开恶例。站在不破坏规定的立场来持经达变，比较容易找到合理调整的方法。

我们要尽量减少例外，不得已才略做调整，最好动之以情，仍旧坚持合理合法。

管理者调整、修订典章制度时，务必将心比心，切实站在各个阶层的立场想一想，唯有能为大家所接受的制度，才是切合现实的制度，才能够产生预期的效果。

四、上司要以身作则

良好的管理者，除了具备学识、经验、操守这三种条件，最重要的，还是在尊重制度。上司滥用权力，乱开恶例，对员工就是不良的示范。所以上司应该以身作则，率先尊重制度，尽量减少例外，绝对不开恶例。

上司的一言一行会直接影响到员工的行为，所以上司必须做好榜样，才是良好的身教。身教重于言教，以身作则比说教还要有效。上司常常用心，员工也会愈来愈用心。上司有感有应，员工也会愈来愈有良好的感应。

五、要订定行为公约

组织成员充分了解合理的行为，订定行为公约，主要包含下述四大原则：

第一，凡是对自己有利，对他人也有利的事情，大家尽量去做；

第二，凡是对别人有害，对自己无利的事情，绝对不做；

第三，凡是对别人有害，对自己有利的事情，务必控制自己不要去做；

第四，凡是对别人有利，对自己有害的事情，如果确有必要，应该勇敢承担起来，牺牲小我，成全大我。

组织成员共同遵守行为公约，自然可以自动、自立。

六、配合以审慎赏罚

商鞅在变法之前，先在国都南门放置一根三丈长的木头，悬赏能把木头搬到北门的人，给十金。民众认为是开玩笑，不肯尝试。商鞅把赏金提高到五十金，有一人搬了，马上照数给付。这种戏剧性的悬赏，乃是今日电视节目所流行的统统有奖，这纯属表演性质，并不能用作行为管理的法则。

絜矩之道，当然可以配合必要的赏罚。但赏罚有如一把刀，有刀刃也有刀背，必须审慎使用。

姜太公主张“赏贵小、罚贵大”，便是通过“多赏少罚”的精神，使员工表现自发性的良好工作态度。职位高的人，你会给他面子，但是对于职位低的人，更需要尊重。因此，我们在配合必要的赏罚时，务必做到以下四点：

第一，尽量多赏少罚。

第二，“赏贵小”，由职位低的先赏起。先奖励职位低的，不要老奖励职位高的。

第三，“罚贵大”，从职位高的先罚起。要先罚职位高的，不要先罚职位低的。

第四，赏罚要公正，力求有效。

同时，奖励也要坚持以下三个原则：

第一，本职工作做得好，不可以奖励。

这是员工应该做的工作，你凭什么奖励他？如果每个人本职工作做得好都要奖励，那就应该普遍发奖金了。

第二，没有争论的奖励要公开，有争论的奖励要私底下去执行。

凡是有争论的、让大家愤愤不平的奖励，是没有必要公开奖励的。凡是有具体事实、数据很明确的，就公开奖励；凡是大家很有意见的，就私底下奖励。

第三，奖励要尊重被奖励人的需求。

我们要和他好好商量，看看他最想要的是什么，然后按照他的意愿去奖励。这样才是真正对人的尊重。

第7章

顺应人性，才是真正的管理智慧

一、人的本性很难移，但习惯可以改变

一切都在变，只有人性从来没有变。习惯会变，但是人的本性不会变。而西方人常把习惯和人性混为一谈。孔子说："性相近也，习相远也。"人的本性几乎是很相近的，没有太大的不同，我们所不同的是习惯而已。人的习惯是可以改变的，但本性是很难移的。

人性不像"X 理论"那样，偏向于性恶论；也不像"Y 理论"那样，偏向于性善论。中国古人认为人性可塑，近朱者赤，近墨者黑。这样教育才能发挥作用。因为如果一个人天生就是恶的，就是好逸恶劳，你就没有办法教育他了。

但孔子很冤枉，我们后人把孔子界定为讲"性善"的人。其实孔子一生从来没有讲过"性善"，孟子才讲"性善"。孔

子告诉我们，人性是可以在后天的环境中来加以塑染的。

一位主管或领导，一生最大的贡献，就是培育出一批对社会有用的人；最重要的工作，就在提升员工的实力，并且提供员工表现的机会，使员工在工作中持续进步，获得成就感。这才是人生的价值，其他都是虚空的。

每一个人常常把自己最宝贵的青春交给了上司。我们小的时候，要依赖父母才能生活；稍微长大后，要从老师身上学到一些东西，让自己慢慢地成长；当一切都准备好了，要参加工作，跟随主管或领导去开辟自己的事业。

因此，上司或主管要勤教严管，以身作则或以身作例，用心塑染员工，把员工塑染成公司所需要的人，这才是培训的主要目的。

二、安宁是人生的根本需求

人性的根本需求就是要安宁，其他都是假的。人莫不求安。我们不能分早安、午安、晚安，而是无时无刻都要安。

但是“安”是单音字，中文不习惯用单音字，所以加上一个“宁”字，变成“安宁”。人生以安宁为根本要求。

“M 理论”的 M，是管理（manage）、中庸（medium）与人（man）的英文首字母，“M 理论”重视以人为本，也重视中庸之道，从字形来看，它更是四平八稳，左右均衡。而且 M 还有一个最妙的含义，就是要深藏不露。中国人好不容易爬到很高的职位，他一定会把自己隐藏起来，然后重用两个得力的下属，安排在自己的身旁，叫作“左右手”，让他们去出头露面。这样就形成一个 M 形。我们中国人很聪明，只要你站在最高的位置，就有随时被别人干掉的危险。“枪打出头鸟”，这是每一个中国人都懂得的道理。

西方人不喜欢隐藏，他们喜欢显露自己，就很容易被人干掉。西方的 CEO，没有人会当得很久的，往往过一段时间就不见了。所以，凡是做过杂志封面人物的人，你要小心，将来的日子可能并不好过，你要隐藏起来，要保存自己的实力。

我们中国人重视内涵，并不怎么重视外表。常说“自古红颜多薄命，福禄生在丑人边”，这也不是完全属于封建迷信的。

日本人信奉团队精神，美国人提倡个人主义。我们中国人秉持的既不是团队精神，也不是个人主义，这在全世界是非常独特的。我们在团队中完成自我，因此我们一定要有一个团队，这个“自我”才会存在，否则就叫作“独夫”。在历史上，“独夫”是没有好结果的。

所以，我们在什么位置？该怎么表现？都要以安作为最高的标准。能安，我们就去做；不能安，我们赶快调整。这样就对了。

安人之道符合人性的根本要求。管理者首先把人安顿好，再讲其他的。所以我们把安人之道列为管理的最高目的。其他层次都很低，都不如“安人”高。

在西方人的众多管理书中，没有一本书写到管理的目的是为了求安，它们只是从利益、效益、绩效的角度来谈事的处理与解决。因此西方人是以事为中心的。

但我们中国人是以人为中心的。很少有企业会明确提出自己的目的就是赚钱，如果一家公司只是为了赚钱，这家公司就会很短命，而且没有存在的价值。全世界也没有一家500强企业会告诉你，本公司的存在，只是为了赚钱的，它往往会宣称自己是为了提供给人类一个更方便、更快捷的效用，是为了提升人类生活的品质，是为了致力于全球的幸福与和平。

一家公司是否能长期存在，我们从它的店名就可以知道了。凡是店名显得很俗气的公司，往往是今天开张，明天就关闭，因为它们就是为了利润而存在的。我们为什么很慎重地去取一个店名？就是准备长期奋斗。既然要长期奋斗，就不能仅仅为了利润而存在，就要考虑赚钱以外的事情。

孔子提出四个字，叫作“修己安人”，管理就是“修己安人”的历程。管理者要从修己开始，先把人员安顿好，然后才考虑其他。每一个人要先把自己管好，然后想办法去安别人，这才是管理。

一个人在公司里没有事情可做时，他就感觉到被冷落，就不愉快；一个人有了事情可做时，假如是他不能负荷的，或者是根本不想做的，他也会不愉快。所以，事情不是那么简单的，管理者给员工安排工作的时候，要站在他们的立场来考虑。

我在当领导时，对一名新进的员工，前三天我是不会让他去工作的。我会安排主管带他到每个地方去了解，让他对公司的整体业务有一个初步的认识，这样他才知道他所做的工作与别人有什么关系。然后我只安排他先做三件事情，如果他做得很愉快，效果也很好，我就再给他做另外三件事情，如果他仍做得很愉快，我就继续给他增加新的工作。这样，他每天工作得都很愉快。

但是我们有些人全做错了。一名新员工进来以后，主管就会交代他说："这堆工作是你的！"至于员工自己是否喜欢，是否有能力承担，完全不予考虑。结果新员工的做法就很简单，他就会在诸多的工作里面选：喜欢做的，他就去做；不喜欢做的，他根本不做。

人会记住自己喜欢做的事情，很自然会忘掉自己不想做的那一部分。这就是人性。如果管理者不站在员工的立场来考虑，把工作一下子全部交给了员工，并在他不喜欢做时一味地加以批评和指责，这就是不尊重人性。

天大，地大，人也大。人性的尊严是管理者应该重视的课题，不能使员工因为丧失尊严而不安。

人不安是一切管理问题的主因。所以人是管理的主体，不是管理的对象，不应该被称为人力资源。

三、人性要多求安而应变

中华民族为什么有这么悠久的历史？因为中华文化最大的特色，就是它的包容性非常强，不会排斥任何外来的文化。我们虽然不断地受到外来文化的挑战，但都能够很合理地加以应对，做到持经达变。我们的变本身是有原则的，即当接受外来文化的时候，我们会很妥善地把它安排在我们中华文化的架构里面，而不是盲目地把外来文化放在自己头顶上，所以不会乱。

什么叫“持经达变”，就是自己有一套不变的经，经就是“常”的意思，这个常道是不能变的。比如说孝顺父母，有孝心，作为一个中国人，这是绝对不能变的。

我们信奉阴阳文化，所以中国古人认为，世间所有的道理，其实一句话就讲完了，叫作“一阴一阳之谓道”。难怪古人的智慧是非常高的。到底是“阳”大，还是“阴”大？中国人只有讲阴阳，没有人讲阳阴，所以“阳”比较大。我常常问别人：“你很懂得《易经》，那什么叫太极？”却没有人能够正确解释。有的人一天到晚打太极拳，讲半天，也讲不出什么叫太极，这是很奇怪的事情。其实，我们如果知道为什么男人把自己的另外一半叫太太，就可以理解什么叫“太极”了。

“太”字，在《易经》里面是非常重要的一个思想。“太”字等于“大”和“小”两个字的相加，意思就是大起来很大，小起来很小。因此，太极大的时候，其大无外，大到没有外面；太极小的时候，其小无内，小到没有里面。所以中国人很聪明，把自己的爱人叫太太，意思就是说大起来，她比谁都大；小起来，她比谁都小。

一位太太只要记住该大的时候，我才大，该小的时候，我就小，她就很容易和她的先生相互配合。假如她什么时候都想大，自己的丈夫就会变成“小先生”，很快就会跑掉了。大男人是喜欢“小女人”，不太喜欢“大女人”，所以只要你是“大女人”，就不可能选择大男人做丈夫，最后只有可能和“小先生”一起生活。

中国人其实一切事情都包含在《易经》的道理里面，根本无法摆脱的。我们把《易经》的道理搞得一清二楚了，就会对中国社会，包括整个世界都了如指掌、完全清楚。

我们的“经”叫作“有所不变”，“权”叫作“有所变”。该变的时候，你放手去变；不该变的时候，要坚持原则，绝对不能变。

做人比较了不起的办法，就是你有几个原则是不会变的，这样人家才有办法和你配合。你什么都不变，怎么都不变，那人家怎么和你配合？所以，中国人之间有默契，就是因为“日久知人心”，大家相处久了以后，慢慢知道对方的原则是什么。而且中国人的原则是不说出来的，这样才会自留余地，大家才会彼此都安。

全世界最会变的就是中国人。《易经》这本书最早叫作《变经》，后来有人很怕人们受它的影响，所以赶快把它变成《易经》了。“易经”这两个字是我们经过长期历练，才知道不可以轻易说变的结果。但是，我们现在不断地听到西方传过来的话，叫作“求新求变”。中国在几千年前就已经吃过这个亏了，希望大家要小心。

人性有常也有变，并不是求新求变。求新求变，大家不能安。我们要变，是为了安而变，不是为了制造不安而变。依据常道而应变，才符合人性。有原则地应变，大家才能安。

我们现在许多人是为了赶时髦而变，结果使得小孩子根本没有办法读书。他们就为了两个字：名牌。我以前读书的时候，衣着是很简单的，上学只有一件衣服，就是制服，因此每天早晨起来根本不用动脑筋，穿了制服就走了。现在有的小孩子的衣服很多，结果每天起床后就不知道该穿什么衣服了。有一位棒球名将，他有一百多套西装，但他每次要出门时都很苦恼，因为不知道穿哪一套最合适，每穿一件后，看看不对，就脱下来又换，结果衣服换了两个小时还出不了门，痛苦不堪。谁让他买那么多衣服呢？这就是我们人类自己找的麻烦，但是大家却认为这很现代化了。

所以，我们往往有种错觉，认为当生活很充裕、有很多选择机会的时候，我们就会很快乐。其实很多人都是在和自己过不去，不是变得越来越聪明，而是越来越困惑和不安了。

一个人站在不变的立场来求变，才不会乱变。只要我能够不变的，就不要变。不变很好，为什么要变呢？不变不好，才来变；不变不行，才来变；非变不可，才来变。

要不要变？就是看他是越变越安，还是越变越不安。不安才变，安就不要变。如果越变越安，当然要变；如果越变越不安，你要小心了，因为变得越快，大家越痛苦，你迟早会把自己搞垮的。

经权之道，符合人性的需求。无论是一个人、一个家庭或者一家公司，我们先把经定下来，然后持经达变，才能够以不变应万变。以不变应万变，是我们中国人的最高管理智慧。

管理者有原则地应变，才不致乱变，大家才会心安。

一家企业建立起来的“经”，就是企业文化。任何一家公司要把企业文化先定下来，企业文化不能说变就变，否则就是乱变，企业迟早是要完蛋的。然后我们用这个不变的原则来应对万变的现象，这样叫作“随机应变”。而变的效果如果使员工很安，公司很安，生意越来越兴旺，这样的变就是正确的。如果变的效果不是这样，就要赶快去调整。但是要调整的不是你的原则，而是你的方法和措施。所以方法、方式和态度可以变，原则不能变，你变到没有原则，那就是乱变。

四、将心比心是人性需求

既然有所变有所不变才能获得安宁，而变又是不可避免的事实，那么如何变才合理，便成为管理的关键。

要不要安？要不要变？是不变，还是稍微调整一下？我们归纳为四个字，叫作“将心比心”。将心比心，就是我们要常常站在对方的角度来考虑。

所以，各级管理者和领导者一定要做一件事情，就是自己经常要反省和检讨。当你的下属不高兴的时候，你要先问自己："我怎么弄得他这么不高兴？"而不是片面地指责他。这就叫作絜矩之道。

组织的各部门，各有专业，也各有所司，承担不一样的责任，所以各有立场，形成本位主义。而要打破本位的障碍，只有将心比心，凡事站在对方或他方的立场来考虑，而不是生产部门的人站在生产部门的立场，销售部门的人站在销售部门的立场，这样是永远没有办法配合的。

絜矩之道符合人性需求。上下左右都能够将心比心，不但沟通良好，而且容易协调，同心协力，应该可以达到预期目的。

但在实际情形中我们却是各人想各人的，很少去想别人。例如，生产部门很急于更新设备，于是就很热心地去询价、调查各种机器设备的性能，但往往不会先和财务部门商量商量。这样做的结果，就是如果生产部门直接找到总经理，总经理一定要找财务部门，财务部门就会觉得没有面子。财务主管心想："这么重大的事情，你都不和我商量，就直接找总经理，那让总经理直接给你钱好了，我这里没有钱！"这样生产部门的计划就行不通，工作就很难开展。

所以生产部门不要先去找总经理，可以先和财务、采购部门甚至总经理的秘书商量。因为老总一定是会和他的助理或者秘书商量的。

在实际工作中，我们到底是先横向沟通，然后才去报告上级，还是先请示上级，再做横向沟通，这要根据事情的性质而定，不能一概而论。

我可以举出一个例子。如果人事部门的经理准备给员工加薪20%，他先去和各部门经理沟通，然后再去报告总经理，说所有部门都一致通过要加薪，总经理不拍桌子才怪。像买房子、户外郊游、国外旅游、加薪等这类事情，只有老总先点了头，大家才可以去商量的。

我想很多人平常很少去琢磨这些事情，所以觉得自己好像到处挨骂，似乎上级很不讲理，其实不然。我提醒大家，如果你没有当过领导，是永远无法了解领导的。如果你站在他那个位置，将心比心，很多事情就可以迎刃而解。

五、人性也喜欢简单明了

宇宙、人生看起来复杂多变，其实有一个十分简单明了的机制，那就是自作自受。喜欢复杂的人，自然会把简单的事情也复杂化；喜欢简明的人，同样会将复杂的事情加以简单化。

人性喜欢简单明了，可是我们现在把简单的事情越搞越复杂，证明我们开始在乱变了。

我每年到美国去，最头疼的就是不会开电视机。我是个博士，在美国生活了那么久，可就是不会打开电视机。因为美国人为了防止小孩子自己看电视，在电视上设计了五六个开关，每次看电视前，要打开所有的控制开关，才能看到正常的电视画面。

美国人也很重视教育，只是他们无能为力而已，因为美国的电视有两百多个频道，什么样的节目都有，有许多节目是不适合小孩子观看的。美国父母又无法时时刻刻地监护自己的小孩子，所以只好想尽办法，用增加电视开关的方法来控制孩子看电视。结果既控制住了小孩子，也控制住了成人。在美国的许多家庭，全家只有爸爸一个人会开电视，连妈妈也不会开了。

管理者的应变，应该是简单的稍微复杂化，而复杂的加以简单化，因此约法三章，成为最有效的方式。我们掌握重点，把最重要的三点先提出来，符合人性喜欢简单明了的需求。

安人之道、经权之道和絜矩之道符合“约法三章”的精神。它们共同的基础在于诚意正心，心意诚正自然效果良好。

六、易知易行是人性需求

我们能知不能行，等于无知。把“M 理论”弄得滚瓜烂熟，就是做不出来，又有何用？能知不能行，表示知得不够透彻，有待加强。知而能行，才能够在实践中检验“M 理论”的可行性，并且进一步增进有效性。

人生贵在不断提升自我，“M 理论”帮助我们在工作职场中体悟人性，也发挥人性的光辉。所以，我们要想在公司里面实践“M 理论”，第一步就是老总要常常和下属沟通，建立共识，这是非常重要的。

一位老总的最主要工作，就是有事没事都把你的第一级主管找来，不断地给他提问题，看看大家有什么反应，步调会不会一致。因为，各个部门分工了以后，能不能朝向一致的目标努力，这是值得我们特别重视的东西。

中国人分工很容易，合作起来很难。老总的责任，就是整合各方面的力量，让大家的步调保持一致，然后朝向共同的目标努力。这就要靠观念上的沟通，因为人是观念的动物，他怎么想，就会怎么做。能力是可以培养的，是可以激发的，但是如果观念不相同，就很难整合。所以，老总找下属沟通时，要先问一问大家理念统一不统一，而不是你能力强不强。

“M 理论”本来是易知易行的，但是“难精”，因为它学起来很容易，要使用得很精熟，那是很难的事情。因此，我们必须要靠一帮人常常讨论，常常交换意见；必须从实际中来检验我们的基本理念；必须多多磨炼，以求熟能生巧。

我们在实践“M 理论”时，也必须依照自己所处的实际环境，做出合理的调整，以求持经达变，将心比心，人我都安。

第8章

知行合一，方显管理功夫

一、西方哲学原意为“爱智”

在中国历史上，原本并没有“哲学”这样的名词。后来日本人用我们中国的文字，来翻译西方的“philosophy”，才出现“哲学”的字眼。philosophy这个词，原本是希腊文字的philosophia，即由Sophia和Philo两个希腊词合成的。这两个词的意思，前者是“智”或“智识”，后者为“爱”，合起来就成为“爱智”。日本人把它译为“哲学”，其实也是保留了原意。因为“哲”字的意思也含有智识的成分。我们不能说中国没有哲学，只能说我们把所有的学问都包容在“人生”的大范围之内，并为人生而服务。

西方哲学家常说哲学是所有科学的母亲，而科学家则反过来指称哲学不过是科学的综合，它把科学看作分账，拿来合成一个总账，并没有什么稀奇。

“智”是西方人所最重视的，认为“知识即是力量”（knowledge is power）。因此，西方的哲学是求知的、爱智的。他们非常强调知识的重要性，而且为求知而求知，为知识而知识，至于求到这个知识以后，能不能得以真正的实践，是不是能为人类而服务，他们似乎并不太在乎。

在真、善、美三者之中，西方人比较偏向于真。只要是真实的知识，便是大家乐于追求的东西。

二、中国哲学所乐的是道

东方哲学和西方哲学不一样。我们所爱的，并不是“智”，我们所“乐”的，其实是“道”。孔子说：“朝闻道，夕死可矣！”可见他把“道”看得十分要紧。

“道”是要走的，走得出来，这条路才会通。中国哲学重在实践，所以我们常问别人“你行不行”，很少问“你知不知”。“行”，就是走得通的意思。你走不通，有知识又有什么用呢？

“智”是理论的，注重自圆其说；“道”是实践的，注重躬亲力行。譬如宗教信仰，西方人热衷于神话连篇，致力于证明上帝的存在。中国人则大多数不问所拜的是什么，而切实表现出祭拜跪祷的动作，以表达自己的诚意。可见西方重思辨，中国所要求的，是“实事求是”的“务实”行为。我们认为“祭神如神在”“信则灵”“诚意跪拜必然有效”，空口说那么一大堆白话，倒不如实际去膜拜。

西方哲学从古希腊开始，亚里士多德说，哲学由好奇（wonder）而生，西方人对自然界的怪异现象，极力想寻找出一种解释或说明，着眼点在“物”。中国哲学引发自春秋战国的大动乱，主要是对人事界的种种不满意（dissatisfaction），希望能够彻底地解决，而集中注意力于“人”。

西方哲学重“知”，把理论体系建立得相当严谨；中国哲学重“行”，认为“知而不行只是不知”，主张“坐而言不如起而行”。

所以，我们是一个比较重实践的民族。说得多、做得少的人，基本上是不受欢迎的。中国人最希望是你做到了再说，而不是说了再做。真正受大家欢迎的人，是你本身做得到，大家也看到了，自然就会跟随在你的后面，很快就会形成一种风气。

三、真正的管理功夫在行

《中庸》说：“博学之，审问之，慎思之，明辨之，笃行之。”无论广博的学习、详细的求教，还是慎重的思考、明白的辨别、切实的力行，都需要从实际的行动中去完成。分析起来，有五个不同的过程，而真正的功夫，只有一个“行”字。事实证明：再好的药，如果病人不按时服用，也是没有效果的。

管理是实践的，不是理论的。管理者学得再好的理论，如果不能实际运用，亦将无济于事。管理者可以有许多想法，但是真正付诸实施的决策，只能独一无二，这是管理者的最大难题，因为时间永不回头，急迫得必须当机立断。管理学者可以“为学问而学问”，发挥其孜孜不倦的专一精神，以造就高深的学术研究成果。管理者却不能不“为管理而学问”，视管理理论为工具，经由学术以改善管理，才是目的。

“M 理论”是要实践的，管理者躬亲实践若干管理理念，行之有效，有了无比的信心，建立自己的管理信念，虽然说信则灵，毕竟还是要不断地向前推进，才能日新又新。

“M 理论”如果不能实践，那就是空谈，而实践是要靠

“功夫”两个字。什么叫作“功夫”？就是一点一滴积累起来的经验。因此，知识很重要，累积的经验也十分宝贵。我们平日多听、多看、多想，还要多检讨，才能够积累经验，以备临时急用。

行的结果，必须虚心检讨，务求下一次行得更有功效。我们所缺乏的其实正是这些，每次好像做完了就没事了。依我看，我们中国人在管理的三个阶段中，最忽略的是检讨。

照理说每做完一件事情，一定要有一个检讨，但是我们很少这样做，往往是做完了，就好像没有事一样。做完，做得很好，也要检讨；做完，做得不好，更是要检讨的。做得好，就要检讨为什么好；做得不好，就要检讨为什么不好。它们都是非常宝贵的资料，可以作为下一次改善的依据。

四、实践要以知识为基础

中国哲学重“行”，但并不轻视“知”。我们一方面尊重知识，追求知识，但是不要以知识为主，而应将重点放在能够运用上。因为仅有知识是没有用的，最要紧的是要以知识配合实际去运作。因此，知、行的比重不同，但重视的程度是一样的。

孔子不耻下问，博学多闻，却否认自己为“多学而识之”的人，他的学习并非为了追求知识，而是在人生过程中能够实际应用知识。管理者做任何一件事，都要先有个打算，然后着手去做。打算便是“知”，是“行”的基础。

明代理学家王阳明说得好：“知是行的主意，行是知的工夫；知是行之始，行是知之成。”其中“知是行的主意”“知是行之始”，固然已经牵涉到所欲行的事物，表示知中包含了行，是行的第一步；而“行是知的工夫”“行是知之成”更说明了真知识有赖于实地施行才会产生效力。知是重要的，但如果知而不能行，那就不重要了。

知识必须用以造福人生，否则无价值。重视“行”，唯恐行之不力；重视“知”，却不能不以天理良知的发扬为主，而以知识的获取为从。唯有如此，知识才能造福人生，不会危害大众。

西方从 16 世纪开始，由于科学知识发达，竟然产生一些反对情爱、反对互助的学说，以致“强权即是公理”，便是未能审慎分别主从的缘故。我国知识界绝对不应该这样。

知识是用来发扬天理良知的，不能违背良心。管理者不能不求知，但在求得知识之后，务须加以慎重的思考，以明辨其是非，然后择其善者来施行，千万不可盲目引用。

但是一千多年来，我们中国的知识分子都犯了一些毛病，其中一个叫作“食古不化”，他背了很多东西，但是他不会“化”，化解不了。第二个叫“望文生义”，看到文字就做表面上的解释，不深入追究，以不知为知，最后又自以为是。

孔子说：“吾有知乎哉？无知也。有鄙夫问于我，空空如也，我叩其两端而竭焉。”他自谦没有知识，有人向他请教，他并不马上用一些知识来解答问题，只是从各方面来了解现行的状况而予以启示。因为知识如果不能切合实际环境的需求，有时会导致“无心的罪过”，也是可能害人的。

管理是“修己安人的历程”，无论“修己”或“安人”，都是贵在实践，无法空谈知识的。不过，没有知识做基础的行，很可能是盲目的；失掉正确方向的行，也十分危险。孔子说：“君子博学于文，约之以礼，亦可以弗畔矣夫！”一个具有丰富知识的管理者，至少在决策行事时，不致离经叛道，制造不安。

知可以辅助行，管理借求知以确立自己的经营理念，更进而建立自己的行为准则。孔子自认无知，却承认“好学”是他的一大长处，他那“敏以求之”的态度，正是管理者应该学习的。特别是现代知识爆炸，各种学术思想发展迅速，几乎一日千里，管理者“敏则有功”，不敏便会落伍。求得知识之后，必须经过思考，千万不可囫囵吞枣，全盘引用。孔子说：“学而不思则罔，思而不学则殆。”管理者学得一些知识，不假思索便立即效法应用，则将为这些知识所累。当然，管理者也不可不学，否则只靠自己思索而不以有关知识为参考，结果也相当危险。

求得知识的效果，表现在严辨“知”与“不知”上，同时更要“学则不固”。孔子希望我们“知之为知之，不知为不知”，唯有如此，才是真“知”。管理者不怕无知，何况无知才足以引发同仁的有知；管理者自以为什么都知道，下属只好以“不知道”来满足他的自尊心（或者是虚荣心），结果一人以“无知”为“有知”，导致了众人以“有知”为“无知”，结果是“无知”的总和，依然“无知”。管理者为学的效果，最主要的是使自己不拘泥固执。庄子说：“大知闲闲，小知间间。”小知固然精细，却不及大知广博。如果处处以小知为是，便是一偏之见，管理者固执己见，容易以偏概全，造成沟通管道的闭塞。

管理者必须“学而不厌”，认真求知，而求知的价值，则在笃行。《论语》第一句话：“学而时习之，不亦说（悦）乎！”管理者学得知识以后，有机会就要努力实行，久而久之，习惯成为自然，那才真是令人喜悦的事情！“学”的目的，在“时习之”，也就是时常在实际中加以应用。孔子是实践主义者，主张用是否能行来考察求知的成绩，假若知而不能行，再好的知也不值得重视。

管理者要有清楚的头脑，了解中国的经营理念，以正确的知识为基础，然后努力实践。记得梁启超说过：“未有不行而知者，不行而求知，终久不会知。”知只是基础，不行的知即算不得知。

五、坚持原则求合理应变

坚持原则的人，往往过分固执，不容易合理应变。善于应变的人，却又不容易坚持原则，以致流于圆滑。我们必须既坚持原则又合理应变，才是内方外圆的圆通。

一个人坚持原则到完全不能应变，就太方正了。人太方正好不好？孔子说，一个人为什么那么容易上当受骗，就是因为太方正了。“君子可欺以其方”，君子是很容易上当的，小人往往是很容易得逞的，就是因为君子多半没有什么应变力，人家稍微骗你一下，你就信以为真了。车轮，一定是圆形的才能转动，而方形的是根本无法转动的。一个人正直是很重要的。如果内心很正直，表现出来也很正直，就完全动弹不了，那有什么用呢？为什么我们历史上的好人都死得很早，小人都很得意，这完全是君子的过错，和小人有什么关系？长期以来，我们总是把责任推给小人，所以永远不会进步。

社会动乱，小人得志，是君子没有尽到责任的结果。我们中国历代好人往往斗不过坏人，他们往往有很好的志向，有很好的能力，但是最后都被小人害了。好人要学一套可以打败坏人的功夫，这个好人才可贵。如果好人只是整天说：“我是好人，你们不能骗我，我很容易上当的；你们不能打我，我打不过你们的。”那做这样的好人有什么用？我们的社会进步是不能寄望于这种好人的。

我们要坚持原则没有错，但是首先要外圆，然后才可以内方。没有外圆来保护，这个内方是迟早会破碎不堪的。说得更清楚一些，方的东西要靠圆来保护，否则，有棱角的方一定会被碰伤的。

我们要记住，一个人不能不应变。但是，善于应变的人，多半很圆滑、很滑头。中国人最讨厌的就是圆滑，你喜欢做一个滑头的人，你喜欢做一个很圆滑的人吗？不喜欢。但是我们经常听到这样的话："要想做官，就要圆滑一点；要做大事，就要圆滑一点。"其实全错了。做中国人只能圆通，绝对不能圆滑，就这么一字之差，意思完全不同。

坚持原则的时候，你才可以圆通求变；可是当圆通求变的时候，你又不能忘掉原则，这才是内方外圆的圆通。否则的话，就是滑头。

前面已经说过，西方人把"善"建筑在"真"的上面，偏向于坚持原则，不能应变。我们中国人把"善"建立在"美"的上面，必须内方外圆，才能增进效果。

西方管理的合理化，仍旧以科学的"真"为基础，只问"对"或"不对"。"对"即合理，"不对"便不合理。中国人则认为"把事情做对，并不表示把事情做好"。"好"是"圆满"的意思，我们在"对""不对"之上，还要看它做得"美""不美"。中国企业管理的合理化，说起来在追求"公平""合理"，而其根源，则在《中庸》所说的“发而中节”。

管理者和被管理者都是人，人必有“情”。情未发叫作“中”，发而皆中节叫作“和”。管理的效果，最后表现在“和为贵”上面，便是“安人”。天有天道，人有人道，地有地道，而天时、人和、地利之中，天时不如地利，地利不如人和。组织内一片和谐，真正安人，自然公平合理，否则争争吵吵，派系林立，各不相让，彼此不安，那就是不合理。

中和之道，即是中道，成于人类本性中直觉性的活动，而为人与人间交互关怀的沟通管道，称为“仁道”。孔子把“义”提升为“仁”，便是在“无可无不可”之中，一任直觉而恰到好处，这是实践“M 理论”的最高境界：从心所欲，不逾矩。唯有如此，才是真正的管理人性化。

西方管理者力求创新，标榜自己的所作所为与以前的管理者截然不同。长江后浪推前浪，他们依据此自然现象，推翻了前人理论，也无可奈何地等待后人来推翻自己的理论，而美其名曰“进化”，其实是说不出来的悲哀。

中国管理者重视传承，必须推崇“萧规曹随”，对于以前的管理者赞扬备至，声称一切良好基础都是前人所奠定，今人不过追随前人的脚步，继续向前推进而已。中国人实在聪明，深知生命有限，自己总有一天要退休或死亡。现在捧别人，将来别人捧自己，大家都有面子，何乐而不为？

我们效法先贤，其实也是此心理的扩大。人的“德”“功”“言”是否不朽，并非自己可以决定的，假若别人不认定，有德亦似无德，再大的功劳也被否定，再好的言论亦可能不被接纳，之所以孔子劝告我们要“人不知而不愠”，因为就算暴跳如雷，也是无济于事。人必须活在他人心中，才是长久地活着。中国人是交互主义者，自己捧别人，别人才会捧自己。

管理者一方面鼓励员工效法创办人的伟大精神，向创办人的铜像致敬；一方面自己好好领导，将来有一天，同样地成为后人仿效敬仰的对象，那就是不朽。

管理者标榜革新，必然要否定以往的种种是非，事情尚未进行，便已经制造了一大堆问题，增添了许多阻力和不平之怨。管理者诚恳表示保持原有的好处，并且感谢大家以往的努力，无形中已经赢得多数人的向心和信心，然后逐渐调整，由缓而急，可以减少许多无谓的困扰。中国人主张在“安定中求进步”，是顾及整体而不仅仅追求个人英雄表现的做法。凡是极力否定前人的努力，全力表现自己的英雄作风的，都是“作秀”（show）而非“做事”，这是大家心里十分明白的道理。

这种从旧传统开创新精神的做法，本身就是一种理念。中国人秉持此“继旧开新”的理念，使得五千年历史，有如国学大师钱穆先生所描述的：持续中有变化，变化中有持续。“继旧开新”，正是“持经达权”的效果，每一个人的努力，都不会被否定；每一个人的贡献，永远都被肯定，组织发展，人人与有荣焉，才是安人之道。

每一个管理者多少都会有些不同的看法，但从大体上看，实在大同小异。“继旧开新”，就是保持大同的部分，改变小异的地方，变的目的照样达成，而和谐、安宁的气氛并未被破坏，这是中国人变通（变而能通）的智慧。

六、圆融和谐效果才会好

管理无所谓绩效导向或人际关系导向，这种二分法思维并不正确。管理是绩效与人际关系的相乘积，不是二者加起来的和。

我们要圆融和谐，管理的效果才会好；整天吵吵闹闹，就算你很有本事，也是无法发挥功效的。但是美国的家庭整天就是吵吵闹闹的，因为他们不太注重伦理，每个人都认为自己是对的。

一个社会没有伦理的话，第一个不会讲话的就是老年人。老年人对社会有没有好处？孔子说：老而不死是为贼。一个人活得那么老还不死，浪费粮食，你不是“贼”又是什么？但是我们又常讲：“家有一老，就有一宝。”为什么中国人总说这种相互矛盾的话？就是“一阴一阳之谓道”。如果一个老年人有他的智慧，能够配合现代化的东西，就叫“宝”；如果一个老年人很固执，总是活在以前的经验里，看不起现在的年轻人，看不惯现在社会的状况，就叫“贼”。所以，一个老年人，你到底要做“贼”，还是要做“宝”，完全由你自己决定，别人是拿你没有办法的。

放眼社会，许多老年人的确是“贼”，他们似乎除了还有一口气，还会吃饭以外，已经完全没有用了。但是，我们也不能忽略，世界上最好的手表是年纪大的人制造出来的，不是年纪轻的人制造的；最先进的飞机，一般要由年纪大的驾驶员来开。凡是关系重大的事情，我们大概都不放心直接交给年轻人去做，这不是成见、不是歧视，因为他们还不够沉稳，也不够耐心。

西方人重思辨，所以他们常常辩论，如果辩论赢了，他们就很高兴，好像真的赢了一样。但在中国社会，中国人赢了就是输，输了就是赢。你清楚了这种哲学，就会完全不一样了。

大家很熟悉的霍元甲，他年轻时，是不懂得什么叫功夫的，因此他只要一出手，对方就死了。可是后来当他知道什么叫功夫的时候，当他一出手就可以置人于死地的时候，他会留有一点余地，不让对方死。如果一个人有多大功力就全使出来，这是不人道的。如果你让对方知道，你比他厉害，不会置他于死地，对方才会很感谢你；你一出手，就把对方置于死地，他的子子孙孙是永远不会放过你的。

所以，中国人最高的境界是什么？其实就是一句话，我们千万要记住：赢的人要装没赢，输的人要装没输，这是最美的一个画面。

如果我们一出手就足以置对手于死地，但是我们点到为止，不再继续下去，对手就知道自己输了，但是我们会装着好像没赢一样。只要我们装着没赢，他就没有面子问题，就不会怀恨在心，他心里就感谢我们手下留情。但是他也会装着没输，因为这样他就保住了自己的颜面，就不需要复仇了，但是他心里很清楚，功夫还是稍差一点。这就是圆融和谐的最佳境界。

因此，圆融可以减少后遗症，和谐可以降低同仁之间的竞争心和紧张性，两者对长期合作的伙计来说都十分重要。

对于同业竞争，我们常常讲“商场如战场”。其实我是不太接受这样的话的，为什么商场一定如战场？难道同行一定要拼个你死我活吗？当你把同行统统拼光了以后，你自己也存活不了了。

留下一两个好的敌人，对我们是有利的。大家看《三国演义》时，许多人会觉得司马懿不如诸葛亮，人家诸葛亮摆一个空城计，司马懿就上当退兵了。我从不这样看。司马懿自幼读兵书，他一眼就能看出诸葛亮是在摆空城计，但是司马懿的高明之处，就是不拆穿这件事情，而是利用这件事情很好地成全了自己。

大家想想看，如果司马懿一看这是诸葛亮在摆空城计，然后就挥兵上去，把诸葛亮抓了，他就会第一个没命的。因为他的老板魏明帝曹叡会想：连诸葛亮这么厉害的人，都死在你的手下，我以后恐怕也会死在你的手下。曹叡非常怕司马懿，就会先把他除掉。司马懿的聪明就是他会“装蒜”，然后讲一句非常高明的话：“诸葛真神人也！”从此就不再和诸葛亮打仗。所以自此以后，司马懿领干薪却不坐帐，天天在那儿修身养性，多么愉快啊！人世间最快乐的事情，就是不上班却领薪水，司马懿做到了。

诸葛亮也知道，赢的人要装着没赢。他知道司马懿一定看穿了自己的空城计，只是给自己留下一条生路而已。因为“英雄惜英雄”，英雄和英雄之间会惺惺相惜，他们是不会互相残杀的。

所以，要想真正地了解中国人的事情，就不能像一般人那样想，好像看看就什么都清楚了，其实道理不是那么简单的。能够善于利用竞争对手，来减少双方的死伤，这才是真正会作战的人。把人家逼到死路一条，最后他一定会反扑，而你也永远不得安宁。

圆融是包容性，就是不要计较同事的所作所为，这样才能够发挥潜移默化的作用。但是现在我们最计较的就是同事的所作所为，以至于我们一天到晚竞争，一天到晚紧张，一天到晚忙碌。

“和谐”绝对不是“和稀泥”，用不着担心害怕。很多人一听要“和谐”，就想到“和稀泥”，“和稀泥”是没是没非，中国人最讨厌的就是没是没非的人。我们听别人讲话时，一定要两边都听，你只听一边，结果一定会是很糟糕的。

和谐能够促使彼此一条心，各人发挥长处，不争功夺利，才能真心合作。

效果要看长期，不能看短期。天天算账，就不会产生长期效益。取长补短，培养团结精神更要紧。唯有圆融和谐，才能长期合作。

一个聪明的年轻人，应该认为上司放心地把更多的工作交给我，就等于已经给我升职加薪的机会了。

但现在很多年轻人不是这样想，他们都是美国式的思维，想法很单纯，即“你不给我钱，我就不做”。上司说“你不做，我就不给你钱”，然后双方就开始大谈什么权利、义务。这大概不是我们中国人的习惯做法。

我相信大部分的中国领导，都和我有一样的想法：“你做出来、做得好，我自然会加你薪水，你急什么？”所以，一个聪明的人，不要去和你的老板讨价还价，不要看短期效益，你多一点表现，他自然会给你加薪的。你多表现以后，他多给你薪水，大家心安理得；你总是和他吵吵闹闹，因为他还要顾虑别人，还要考虑团队的和谐，就不太愿意答应你的要求。

因此，我们从很多方面来比较，就会发现中国人的很多想法，都是先有动作，然后再来谈其他条件，这样才能产生长期效益，大家才能长期合作。

第9章

万变归一，理在人心

一、组织要安定中求进步

现代人受到求新求变的激励，喜欢标新立异。特别是新闻媒体行业，普遍认为“狗咬人不算新闻，人咬狗才算新闻”。简直要把旧的都看成不好的，好像只有新的、奇的、罕有的，才算是好的。大家逐渐不尊重原有的成语典故，不知道这些才是中华文化传承的优良且快速有效的利器，反而蓄意加以破坏，胡乱更改，以致年轻人把“列祖列宗”写成“劣祖列宗”，明明是“在安定中求进步”，却一定要自以为是，把它改成“在进步中求安定”。我们的子孙后代受到这些扭曲和混乱的知识的影响，在学习上势必更为困难和吃力。他们稍不小心，便很容易受到误导，造成难以挽回的损失。

安定和进步是求安的必要条件。在安定中求进步，包含在进步中求安定，这是本立而道生的道理。若反过来，在进步中求安定，往往会导致不安定。

安定的大目标是相同的、一致的。怎么才能够安定，则各个公司并不相同，所以不可一概而论。

员工有良好的反应，表示管理者的经营理念不但有实践的价值，而且有实践的效果。管理者最好审慎地依据组织内外环境的变迁，随时做好合理的调整，以求止于至善。绝不能抱着“管他呢”“不要紧的”“解决问题最重要”的鲁莽心态，以免引起不安而妨碍进步。

如果从不安中再来求安，所花费的成本往往很大，最好预先加以避免。

二、实践的结果各有一套

经营理念大同小异，有“大同”才有“天下一家”的可能；有“小异”才能真正切合实际环境的变化而多姿多彩。内外环境各有不同，所以实践“M理论”的结果，必然大同小异，也就是各有一套，就算是同业，两家公司也是大同小异，不可能完全相同。

一个人在这家工厂当厂长，他做得非常好，如果把他调到另外一个类型完全相同的工厂去，他到那边的表现很差，这种可能性很大。一个人成功，要几百个理由；一个人失败，只要一个理由。每一个人都有他不同的环境、不同的背景、不同的同事，所以才造就了不同的结果。

“人同此心，心同此理”，是“大同”的基础。管理者所见略同，形成管理的“普遍性”。“人心不同，各如其面”，则为“小异”的根源，管理者“运用之妙，存乎一心”，因而产生管理的“特殊性”。

中国人是不容易服输的民族，谁也不服谁。明明是学别人的一套管理法则，也要稍有损益，说是自成一套。所谓“戏法人人会变，各有巧妙不同”，即是表明戏法固然相同，而巧妙各有短长。往昔鼓励敬老尊贤，便是针对此一民族性而厘定的原则，使中国人至少有所尊有所敬。现代各自标榜，说是“自我推销”，其实是“各说各话”，结果谁的广告都没有效用，因为人人是推销商，哪个又是顾客呢？

实际上，世界大同才好，不能勉强求一同。世界“大同”的意思，是大同小异，既非各自发展，亦非统一步调，乃是变化中有统一，统一中有变化，深深合乎“万变不离其宗”的变化观念。

“小异”表示特殊性，是公司应有的特色。管理者的经营理念，属于普遍性，而管理者所处的环境，为特殊的情境；所接触的人物，为特殊的人物；所处理的事，亦为特殊的事。于是一切抽象的经营理念一旦落实到实际事务上，亦即在实践的层次上，必然是特殊性的。甲公司的情况与乙公司的情况未必相同，即使有同一理念，其表现方式也有所不同。同样一位管理者，在处理类似的人事上，往往亦有其不同的表现，只要合乎情理，即是合宜。领导者的功能，即在此有所表现。

经营理念正确，才可以持经，否则经失其正，越持越糟。中国人常说：家家有本难念的经。为什么难念？事实上各阶层管理者也各有其难念的经。经的层面沟通好，方有共识可言。共识既然确定，就要持经达权，虽然说各有一套，却必须殊途同归，共同以“M 理论”为依据，也成为各自考核、检讨的标准。

“M 理论”贵在实践，而实践的效果，则为天下一家，世界大同。

三、管理并无统一的模式

管理不必也不可能有统一的模式，因为用固执一定的方式来处理不同的事务，不免有所不合。勉强执着，即成削足适履，反而有害无利。管理是动态的，一切经营理念，只是不变的“经”，当其实践时，就必须因应实际情境而有适当的“权”变，这才是“以不变应万变”的正确表现。管理者持经达权，各有一套，叫作“不固而中”。

“中”也是不固定的，孟子说：“执中无权，犹执一也。”此一情况之下的“中”，换了另一种情况又不见得是“中”，如果执着于某一情况的“中”，便要把它当作放之四海而皆准的标准，来因应一切的情况，结果很可能造成“不中”的恶果。

所以朱子说：“中不可执也。识得则事事物物皆在自然之中，不待安排，安排着则不中矣。”我们一方面要“执中”，一方面又要注意“中不可执”，必须具备清楚而灵活的头脑，才能不待安排而得其“自然之中”。

凡事要“顺乎自然”，却不应该“听其自然”。管理者必须坚持自己的经营理念，但当这些理念落实为管理措施时，必须具有相当的弹性，才不至于僵化而失效。实际情境既然不断在变迁，管理措施也就随时有所调整，所以“不固而中”的结果，形成管理者的“各有一套”，乃是理所当然，势所必然的。

四、时刻不忘以人为根本

西方管理以事为中心，拿人来配合，原本是无可奈何的事。我们以人为本，因为事在人为，有人才有事。人是来办事的，不应该当作资源来看待。

人员的成长，才是公司长远发展、生生不息的保障。

两千多年以来，我们中国人都在以人为本。孔子最了解一句话：人活着，就有价值。人不是有了工作、有了贡献，才有生存价值的。在中国人的传统思想中，一个人活着，只要修养好且不伤天害理，不伤害别人，他就有价值。这就是“上天有好生之德”。

所以，必要时我们就要弃财保人，宁可吃亏一时，不能使自己对不起人。不论是自己人或他人，都应该如此。

现在我们很多人盲目地接受西方观念，视人犹物，把人当作资源看待，整个社会也不再以道德的标准来衡量人，而是“一切向钱看”。他们往往是，一个人赚了钱就了不起，没赚钱就瞧不起；一名员工给公司带来利润就有价值，没有创造利润就没有价值。这种看法是不对的。

管理者一生最了不起的成就，应该是培训一些人才，带出一些可靠的下属，而且青出于蓝，更胜于蓝。因为人才辈出，社会才能进步，人类才有幸福的可能。人才可贵，绝非钱财能比。

五、最好有树状组织精神

管理者实施“M 理论”的第一步骤，便是将金字塔的组织形态扭转乾坤，颠倒过来，还要赋予其弹性，使其成为树状的组织。

所谓“扭转乾坤”，实际上并没有改变或重组现行的组织，只是在运作上采取“由根到枝叶”的方式，以塑造组织欣欣向荣的精神。

通常企业组织的形态，不论其为直线式、职能式、直线与幕僚式，乃至于近年流行的事业部门制或职能部门制，大多采用金字塔形的结构，而授权的流程也是由上而下的。在这种组织气氛中，主管大事、小事一把抓，员工不论内心感受如何，总得扮演唯唯诺诺的“奴才”角色，乃至“授权”流于形式，“参与”仅限于表面，根本谈不上自动自主。即使有的主管十分愿意把责任赋予员工，真正授权，也非常不容易获得对方的信赖。因为员工不敢肯定主管的言行，到底是出乎内心的真诚，还是虚情假意。

二十多年来，我们推行“现代化”管理，一再强调授权的重要与员工参与的价值，然而真正能够实现充分授权、充分鼓励员工参与的企业机构仍然寥寥无几。我们习惯于依据“X理论”，指责员工懒惰、不负责任、以自我为中心、不愿改变现状、没有抱负，以此作为管理者“不能相信员工，要掌握大权，一切由自己做决定，并且多利用奖惩，以加强控制”寻找良好的借口，这实在是非常不公平的。

中国人是希望自动自主的，我们不能因为环境不允许他自动自主，便断然指称他没有这种欲求。如何改变组织气氛，鼓励员工自觉、自律，然后赋予员工自主，促使员工自动自发，不但是我们要极力倡导的，而且也是应多方尝试的。

中国人普遍相信一种长命哲学，重视保生和养身，不轻易“为五斗米折腰”；施以金钱激励，他会照拿不误，因为“不拿白不拿”，却又克制着自己，千万不要为此区区小钱拼命，以致“人为财死”。然而，《史记·刺客列传》所载豫让“为知己者死”的故事，则证明中国人一旦交出了他的心，他就会竭智尽忠，乃至赴汤蹈火，亦在所不惜。

既要保命，又愿意为知己的明主拼命，这种庄子所谓的“两行”思想，使得中国员工心里时时盘算着：这样的主管，值得为他鞠躬尽瘁吗？有一位年轻朋友曾亲口告诉我：“我在工厂上班，经常看见水龙头没有关紧，空房间的电灯也未关掉，心里真想把它关牢、熄掉，但是转念一想，老板并不关心我，我又何必多管闲事，当作没有看见算了！”

“良禽择木而栖，志士择人而事”，更是中国员工甄选上司的写照。《三国演义》描述徐元直化名单福，建议刘备将其坐骑“的卢”赐给仇怨之人，待它“妨主”——把主人摔死之后，再收回来自己乘用，以考验刘备是否确如传闻中那般“仁德”。刘备闻言，果然变色说：“你初来乍到，不教我走正道，却教我做这种损人利己的事，实在不敢领教。”徐元直这才放下心来，向刘备坦白承认："向闻使君仁德，只是未敢轻易相信，所以才说这些话来试探试探。"

实际的情况当然复杂得多，正如员工说得再天花乱坠，老板也未必相信一样，主管口头保证，反复说明，也不一定能够获得员工的信赖。中国人一方面接受孔子"上司如果礼待下属，下属才对上司忠心"的教诲，必等待在上位的人先付出爱心，否则很容易被视为奉承、谄媚之徒；一方面又深信"听了他的话，要等着看他能不能做到"，因而不肯轻易相信上司所说的话。在这种传统文化的熏陶之下，要让中国员工肯干、能拼，最好的办法，便是上司必须修己，以获得员工的信赖，同时率先关怀员工，使他深切体认到"我可以放手去做，因为上司必定支持我"，这样大家才敢放心做事。

上司以支持下属放心去做的领导原则，让下属在规定的范围内，得以持经达权，做出合理的应变。许多人不愿意承担重责大任，结果由于"尽管放手去做"这一类诺言所衍生的信心，而毅然决然地答应了，便是最有力的证明。

"尽管放心大胆去做"，在现代企业组织中，最好的表白和保证即是"扭转乾坤"，把整个组织系统颠倒过来：董事会是根部，置于组织的最底层；总经理是树干的基础，也就是刚露出地面的那一部分，各部门经理是树干的分杈；由此而延伸出树枝，形成各科室；而末梢的枝叶，便是操作员、业务员等员工。中国人喜欢说“顾客如云”，又把作业员、业务员视为第一线人员，正好是一幅云彩朵朵、枝叶茂盛的形象。

这种中国传统的组织结构，并不是西方所谓“倒金字塔形”，因为它不一定那样刻板，而是随着实际需要，有其参差不等的发展，有如活生生的树木一般，该茂盛处要茂盛，应枯萎时宜枯萎，所以我们称之为树状组织。树状组织，乃是一种合乎自然法则的互依互赖结构，其特性有下述八点：

第一，组织形成互依互赖网，彼此息息相关，并非乌合的独立个体。

第二，树木的自然生态，正是欣欣向荣的组织精神。

第三，该成长、发展的枝叶，自然茂盛。

第四，不能发展的枝叶，自然枯萎。

第五，根部（董事会）为基础，是一切生长的总源头。

第六，树干支撑树的叶，使其充分发展，象征每一阶层的主管，支持其所属成员放心去工作。

第七，从根部到枝叶，彼此互信互赖，没有本位主义，也不互扯后腿或彼此冲突、妨害。

第八，只要根部活着，春天来临就会复苏。经营理念正确，企业就可能永生。

中国员工最希望主管支持他，放手让他去做事。只要主管不在场，中国员工总喜欢自吹自擂，形容主管如何相信他，如何让他自主，如何充分授权，又如何重视他的决定，由此可见一斑。中国主管也喜欢支持他的下属，每当生起气来，便会嘲弄下属："如果我不支持，看你还活得了多久！"现在拿树状组织精神印证一番，果然言之有理。

我们一再说明，并非真的把组织系统翻转过来，我们深切地希望注入树木生长、茂盛的精神，发挥"树干不与树叶争绿"的"功成弗居"特性，凡是下属能做的工作，主管都不插手，尽量让他去开花结果。

上司把成就感让给员工，才能够引起员工强烈的参与感，大家自然肯干也乐于把工作做好。唯有员工热心参与，自动自主，上司才能够称心如意地推行组织所欲达成的任务，顺利完成预期的目标。

六、慎始善终求己安人安

己安人也安，大家都安，是管理的最终目的。为了达成这个目标，我们必须凡事力求慎始善终。

所有的公司、所有的机构、所有的个人，其实都是四个字而已："慎始善终。"慎始是慎始，善终是善终，慎始不一定善终，但是不慎始一定不善终。所以，中国人常会告诉你，"万事开头难"，开始很难，要小心一点，要有整体的规划，要有比较周详的计划，要方方面面都考虑到，才来启动。如果还没有考虑成熟，说干就干，抓紧时间赶快做，那就是"不慎始"。

"始"和"时"这两个字同音，我们中国人在开始做事情时，一定要看天时、地利、人和。而事情开始以后，经过一段时间，它就是一个历史，里面包括了很多很多的事情，但最后统统是死路一条。所以，当我们想到事情开始的时候，就要知道这是在创造历史，里面会有很多事件发生，可是最后的结局都是死。做大官是死，发大财是死，活到 120 岁也不过是死，那我还干什么？很多人就这样认为，因此他们看破红尘，做和尚去了。但我们说，死有两种方式：一种是"善终"，一种是“不善终”。“善终”就是好死，“不善终”就叫作不得好死。中国人骂人最难听的话，就是“这个家伙不得好死”。

一个强大的公司会不会倒闭？答案是会，只不过是迟早的事情。我们中国人常说“富不过三代”，一家百年老店支撑到孙子一代，倒闭了，也不过多撑了两代而已。所以我们现在说百年老店已经不得了，可见它的持续经营是很难的。但我们能说一家百年老店，干脆到我这一代就死掉算了？作为一个经营者，这些都是值得去思考的问题，也都是你的“功课”。

人生迟早有一死，但是死有重于泰山，有轻于鸿毛。每一个人一定要死得其时、死得其所，然后死得心安理得，就是这样而已。所以我们的结论很简单，只要活着，只要还有一口气在，我们就应好好干，这才是中国人的人生观。

如何通过慎始善终来求“己安人安”呢？关键有下述四点：

第一，把每一件事情，都当作大事看待，务求做得合理，而且与他人充分配合；

第二，德本才末，是我们以人为本的基础，从甄选、礼聘人员开始，便重视德本才末，结识品德修养良好的人士，大家志同道合，用心工作，才能够真正以人为本；

第三，大家都明白“人心惟危，道心惟微”的道理，共同以“害人之心不可有，防人之心不可无”的高度警觉性，来维持团体的安全，由小信而大信，预防人心产生不良的变化；

第四，时常将心比心，站在对方的立场来思虑，互相包容不同的意见，彼此尊重不同的立场，随时做出合理的调整，管理的效果自然良好。

一个人常常记住慎始善终，然后人安己安，别人安我也安。我安人安，就一直去做好了。不要对自己要求太高，没有必要，但是，也不能放弃对自己的要求。这两者看起来似乎是矛盾的，其实意思就是说，我们要求自己每天有一点进步就可以了，不要把自己逼得无路可走。

（正文完）

后记

一个人很要紧的事情，就是要把自己和动物区分开来。人是动物的一种，但是人不可以和一般的动物一样，否则就没有做人的资格。所以说，人最重要的其实就是两个字：自觉。

自觉什么？“食色，性也。”但一个人如果只会吃饭、睡觉，就和动物完全一样了。人和动物的本质区别，用一个字概括，就叫“仁”。动物是没有“仁”的，它们也不懂什么叫作“仁”。

我们中国人讲“仁”不讲“爱”，西方人讲“爱”不讲“仁”，“仁”字是由“人”和“二”组成的：“人”就表示说这是人，也就是做人的道理；“二”就表示有我之外还有别人，我们必须将心比心，必须把别人同样当作人看待。因此“仁”

和“爱”是不太一样的。

人要自觉，才能成为万物之灵。周武王说：“惟人万物之灵。”他号召人要成为万物之灵，关键就在一个“仁”字，就是要讲究人与人的互动关系。

一个人有了自觉，他第一个就会表现出自律。凡是自觉到说我和动物不一样了，他一定会自律。一个人有没有自觉，看他有没有自律就可以了。什么叫“自律”？就是自己管自己。

我们有很多人向来不喜欢被人家管。所以，中国人一定要好好地管理自己，这就叫作“修身”。一个中国人的人生理想就是四件事：修身、齐家、治国、平天下。他从把自己修好开始，然后把自己的家齐好，接着有本事就去治国，最后是要平天下。

我们会发现，整个大学之道里面没有“立业”这两个字，难道职业生活不重要吗？难道创业方式不好吗？难道事业的奋斗与志向的追求也都无关紧要？其实不是这样的。我认为这是中国人非常了不起的地方。

《大学》认为，人生只有一个目的，就是把自己修治好。怎么去修治自己呢？我们中国人走的路子和印度人就不一样了。印度人讲求出家，躲到野外某清静的地方，如深山、森林、石窟里面去，然后隐居修行。中国人称之为“独善其身”，只对自己有用，对别人是没有影响力的。既然身为人，就应该对社会有些贡献。所以，我们中国人一定要在世俗社会里面修行自己，走入世的修行道路。人生只做一件事，就是在职场中修炼自己。所以，事业只是帮助我们修炼自己的方式，本身并没有意义。这样的道理也只有中国人才想得出来。

我们在修炼中提升自己、充实自己，在齐家中提升自己、充实自己，在治国中提升自己，在平天下中修炼自己。因此，对中国人来讲，我们的人生只有一个目的，就是把自己修好，不断地充实自己，不断地提升自我。

管理的活动，始于“修己”的功夫，而终于“安人”的行为。管理如果偏离了这个大道，就没有太多的意义。管理只做三件事情：第一件事，把人安好，叫作“安人之道”，今天的话叫作“以人为本”。人是一切的根本，你找对人，安对位置，给他一个氛围，让他自动去做事情，根本不需要去管他。第二件事，有所变有所不变，叫作“经权之道”，今天叫作“与时俱进”。世界上最高的管理智慧就是一句话，叫作“以不变应万变”。一切都在变，一切不能不变，但要变得合理，安人要安得合理，那怎么办？这就是第三件事，“絜矩之道”，就是将心比心，用自己的心来感应别人的心。

我们有句至理名言："人不为己，天诛地灭。"这说明人是自私的。但是，人之所以能够为人，就是因为能够做到"推"，这一个字就把儒家的整个精髓讲完了。"推"，就是会推出去，由亲到疏，由近到远，推己及人。

我在《中国式管理》一书中，是公开推崇推、拖、拉的，因为推、拖、拉是中国人化解问题的最有效方法。但是，长久以来，我们中国人一方面习惯于使用推、拖、拉，一方面却痛骂推、拖、拉为恶习。这究竟是什么原因呢？就在于我们常犯一个错误，即在推、拖、拉的时候，把坏处都推给别人，把好处留给自己。推、拖、拉的方向，有时候也可以推给自己，为什么一定要推给别人？所以推、拖、拉不一定朝向自己，也不一定朝向别人，而是推给最合理的人。这种合理的推、拖、拉，就叫"絜矩之道"，合乎中国人所欢迎的中庸之道。无一事不合理，推、拖、拉到恰到好处，自然大家都愉快。

什么是决策？就是在多种选择里面，选择你认为最合理的那一种，这也是推、拖、拉。天底下没有一件事情不是推、拖、拉的结果，只要推、拖、拉的后遗症不是很严重，就是化解问题的真正办法。许多中国人最高明的地方，就是利用推、拖、拉这个很短暂的时间来充分思考怎么样才合理，该给别人就给别人，该给自己就给自己。如果不推、不拖、不拉，你连思考的时间都没有，那就很危险了。

絜矩之道，就是站在对方的立场，设身处地地想。但仅是这样还不够，还要扩大思考的范围，还要想到第三者，想到更多的人，不是只有你和我。为什么一般的中国男女不会当街拥抱、接吻呢？因为我们会推己及人，会想到第三者的存在。西方人的观念中，只有你和我，一般是没有第三方概念的。

但现代很多中国人，他们的脑海里面只有“你”和“我”，家庭成员只有两个人，不会想到父母；他们婚姻的结局也多是离异，因为不会想到孩子；他们当街会十分热烈地亲吻拥抱，没有想到是否会刺激别人……

我们现在才慢慢地了解到，絜矩之道其实才是根本，今天就叫作“和谐社会”。因为，人要成长，只有靠和谐；社会要进步，只有靠和谐；世界要和平，也只有靠和谐。

老实讲，絜矩之道对我们中国人的影响很大。西方人有话就说，至于你听不听得进去，那是你的事情。中国人不是这样。我们会想对方听不听得进去，你听得进去我才会讲，你听不进去我根本不会讲。我们很少讲人家听不进去的话。所以一个中国人会不会沟通，就看你开口说话时，人家听不听得进去。如果别人连听都不听，那你的沟通能力等于零。为了让对方听得进去，我们就必须设身处地，站在他的立场来感受他的话，这是非常重要的。

要会拿捏分寸，还要读懂人性的“M 理论”。

对中国人而言，我们的一言一行都源自《易经》，我们的管理，事实上也依据易理。所以，中华民族是信奉《易经》的民族。

《易经》有三个要点：第一个就是易知易行，它实际上很容易了解，也很容易实践，没有我们想象中的那么难；第二个就是世界万物在流动着，永远处在变动之中；第三个就是变动之中有不变的部分，千万不要以为一切都在变。变和不变是谁在决定？不是东西在决定，而是人在决定。为什么现在世界越变越快？因为人的心不安定。人心求变的时候，外界就越变越快；人心求安静的时候，外界就会随之安静下来。以前我们只知道“心想事成”，现在科学更证明了一个很深刻的道理，就是“心想境成”。外界的环境是随人的心在变的，你的心觉得现在很冷，它就越来越冷；你的心觉得现在越来越暖和，它就越来越暖和。因此，“心想事成”应该是叙述语，但我们常常把它当作祝愿语，真是太可惜了。

人是有感应力量的。不仅人如此，所有的生物都有相当程度的感应力量。我们到日本就会发现，手工做的寿司和机器做的，吃起来的感觉是不一样的。同样是手工做的寿司，我们还要看那个做寿司的人。凡是长相看起来很健康的人，他做出来的寿司就更好吃，而且你吃了以后，也会越来越健康；相反，那些气色看起来不太健康的、穿着乱七八糟的人，你千万不要吃他做的寿司。这一点也不迷信，因为科学已经可以证明，这一切都是频率、能量的一种交换。

我们一再讲，人生其实就是一连串的选择，如果选对了几件事情，我们就很容易成功；相反，如果连续选错了三样东西，就倒霉了。但是谁在选？我们在选，我们在决定。所以，我们不要小看《易经》这本书，读得越早越好。由于《易经》难读、易理难明，刚开始看时，一般没有人会马上看得懂的，没有关系，你要一而再，再而三地去研究它。孔子要我们抱着“乐而玩之”的态度来学习《易经》。因为死背文字，不但辛苦乏味，而且多半不知应用。

我们可以用“玩”的心情去省思《易经》的含义、玩赏它的用意。这样做，既会越来越有乐趣，也会越来越容易拿来应对实际的事务。久而久之，自然贯通易理。

总之，我们不要心急，不可以稍有心得便认为自己懂得易理。我们抱着“看一看，读一读，想一想，做一做”的心态，以渐进的方式，偶有所得，便拿来应用；行得通，更能领悟其中的道理。任何东西不会应用，等于不知道；会应用，才算知道。

“M 理论”，应该是易知易行、长久可用的东西。否则的话，它是没有太大价值的。

我们每天都忙于什么？忙于很多事务的处理，忙于很多变数的应对。如果每过一段时间，还要去学习新的知识，这样岂不是更累？如果你去买国外的有些书，第一个要看它的出版年月，如果已经出版很久了，那么不要全盘接受其中的观点。因为有些国外作者很重视一个词叫作 update，也就是“更新”的意思。那些学问只关注眼前的事物，只能解决眼前的问题。那些作者推出一个理论后，还没过多久，又会推出一个新理论，让你目不暇接，不堪其苦。他们是把知识当作商业来操作，这是不太道德的事情。

中国人不是这样。我们的书是越旧越好，越古老越有价值。《道德经》已经有两千多年的历史了，但大部分人还没有完全读懂，所以还在继续读，而且是全世界的人都在读。全世界对老子的评价是非常高的，对《孙子兵法》的评价更是极高无比。《孙子兵法》被全世界无数军事家视为指导战争的金科玉律，连法国的拿破仑都要读它。美国最著名的西点军校，一直把《孙子兵法》定为必读教科书。许多日本企业家，也都把《孙子兵法》作为商战指南。我们相信，随着时间的推移，《孙子兵法》还将进一步走向世界。

如果我们把《孙子兵法》加以归纳，完全可以总结为一个字，叫作“水”。《孙子兵法》讲来讲去，完全是讲运用水的原理。水看起来好像流来流去，但实际上它总是由高而下，从来没有改变过。我们在世界上找不到一个水是由低处往高处流动的地方，除非我们用人力去改变它。如果是自然的水，它一定是这样的。所以中国人很喜欢顺势而为。

中国人的个性和水是一模一样的。水流得很顺畅的时候，它很平静，没有什么声音。因此，我们一听到那个水没有什么声音，就可以知道它很流畅，没有遇到什么阻碍。可是当水遇到阻碍的时候，它就“哗哗哗”，发出很大的声音。所以我们听声音，就能知道这个水势是怎么样的，它所处的环境是怎么样的。我们中国人得到好处的时候，不会声张，但是在受到阻碍的时候，就拼命叫。这和水性是一模一样的。

当你发现那边有一堆金子的时候，你会叫喊吗？如果会，那你就是天下最笨的人。要装出一副若无其事的样子，别人才不会注意你，才不会和你抢；等你把金子都搬完了，然后再说这里有金矿，其他人都来不及了。这才是真正的中国人。如果你想：怪不得中国人那么阴险、奸诈、狡猾，这就是你双重标准了。当你这样做的时候，你会觉得自己很聪明，当别人这样做的时候，你就很生气。

人性是没有善恶的。在不同环境中成长的人，有不同的生活方式，这不是人类所能够改变、所能够控制的。为什么北方人爱吃面食？为什么南方人喜欢吃米饭？那不是人所能决定的，当我们种不出麦子的时候，只好吃米饭；当我们种不出稻子来的时候，只好吃面了，还有什么办法？

人类没有缺点，民族也没有缺点。我的看法是，你的缺点就是你的优点，你的优点正好是你的缺点。但是，我们都在说中国人有什么缺点，有什么优点，然后就去学习西方人，这是很莫名其妙的想法。我们吃饭时，筷子和刀叉可以分开来用，但是不能同时使用。我们要记住，人所能够得到的东西是有限的，不能完全得以满足，这才是人生；人可以求全，但是永远不可能十全十美。人生本来就是有缺陷的，我们要有这样的觉悟，因为我们有个别的差异。个别有差异，就是说我们有不同的缺陷，这一辈子要把它修圆，修成圆就叫“完人”了。一个人要做“完人”，但是不要太早做“完人”。“完人”就是把人生做完了，就要“回去”了。有的人英年早逝，是因为他已经把人生都做完了。人干吗要急着“回去”呢？边做边学，没有什么好急的。

我们中国人做学问，一定要正本清源。西方人做学问，是要推翻老师的观点。“吾爱吾师，但吾更爱真理”，这句话就是说为了真理，我可以打倒老师；为了真理，我可以推翻老师的学术，但这是对西方人而言的。中国人历来重视师承，开口就提自己的老师是谁，并以尊师为荣。我们中国人只能把老师的学术思想加以补充，加以发扬光大，是不能完全否定老师的。正是因为中国人重视传承，中华文化才得以源远流长。

面对很多变数的管理者，由易理来把握变动之中不变的部分，来掌握未来的变化，达成正确可行的决策，当然是最省心、最为有效的途径。

“M理论”，是符合人性的管理体系，主要在知常知变，抓住变化中的常理，而且易知易行，长久可用。我们研究“M理论”，看出变中之常，才能够以不变应万变，立于不败之地。身处21世纪，大家共同研讨“M理论”，即知即行，发扬中华文化，应该是顺应时代潮流的明智之举。

曾仕强

分寸拿捏的要领

作者 _ 曾仕强

编辑 _ 杨越颖　装帧设计 _ 肖雯　主管 _ 陈亮
技术编辑 _ 顾逸飞　责任印制 _ 杨景依　出品人 _ 毛婷

营销 _ 魏洋 礼佳怡 成芸姣

鸣谢（排名不分先后）

潘毅 张晓意 何月婷 余雷

果麦
www.goldmye.com

以 微 小 的 力 量 推 动 文 明

图书在版编目（CIP）数据

分寸拿捏的要领 / 曾仕强著. -- 2版. -- 北京 : 北京联合出版公司, 2025.9. -- ISBN 978-7-5596-8582-7

Ⅰ. C93-49

中国国家版本馆CIP数据核字第20255R3E41号

分寸拿捏的要领

作　　者：曾仕强
出 品 人：赵红仕
责任编辑：徐　鹏
封面设计：肖　雯

北京联合出版公司出版
（北京市西城区德外大街83号楼9层　100088）
文畅阁印刷有限公司　新华书店经销
字数76千字　880毫米×1230毫米　1/32　4.75印张
2025年9月第2版　2025年9月第1次印刷
ISBN 978-7-5596-8582-7
定价：38.00元

版权所有　侵权必究
未经书面许可，不得以任何方式转载、复制、翻印本书部分或全部内容
本书若有质量问题，请与本公司图书销售中心联系调换。电话：021-64386496